哈佛学生最喜欢的

数字游戏

《学生悦读文库》编写组 编著

江西教育出版社
JIANGXI EDUCATION PUBLISHING HOUSE

图书在版编目（CIP）数据

哈佛学生最喜欢的数字游戏 /《学生悦读文库》编写组编著. -- 南昌：江西教育出版社，2013.11
（学生悦读文库）
ISBN 978-7-5392-7193-4

Ⅰ.①哈… Ⅱ.①学… Ⅲ.①智力游戏－青年读物②智力游戏－少年读物 Ⅳ.①G898.2

中国版本图书馆CIP数据核字（2013）第260695号

哈佛学生最喜欢的数字游戏
HAFO XUESHENG ZUI XIHUAN DE SHUZI YOUXI
《学生悦读文库》编写组　编　著

江西教育出版社出版

（南昌市抚河北路291号　邮编：330008）
各地新华书店经销
北京彩虹伟业印刷有限公司印刷
710mm×1000mm　　16开本　　12.5印张　　字数150千字
2014年1月第1版　2019年8月第2次印刷
ISBN 978-7-5392-7193-4
定价：36.00元

赣教版图书如有印制质量问题，请向我社调换　电话：0791-86705984
投稿邮箱：JXJYCBS@163.com　　　　电话：0791-86705643
网址：http://www.jxeph.com

赣版权登字-02-2013-332
版权所有·侵权必究

目 录

第一章　哈佛学生感兴趣的数字故事

1　乌鸦喝水与鸡蛋的关系 //002
2　捕猎的收获 //003
3　小白鼠会排队 //004
4　猴子和桃子 //005
5　养鸡的学问 //006
6　鸭爸爸的推断 //007
7　愚蠢的蜘蛛 //008
8　奶牛的数量 //009
9　牛与青草 //010
10　火鸡、鸭、鹅的计算 //011
11　蜜蜂的旅程 //012
12　狡猾的狐狸 //013
13　小蚂蚁的任务 //015
14　猪、牛、羊的单价 //016
15　有关猪肉的计算 //017
16　骡子和驴的抱怨 //018
17　有关古人的试题 //019
18　算一算珠宝的数量 //020
19　旅行家的旅行故事 //023
20　有趣的数字 //025
21　迎娶公主的比赛 //026
22　愚蠢的法规 //027
23　关于地球周长的故事 //028
24　谁坐马车，谁坐汽车 //029

目录

第二章　哈佛学生喜欢的奇妙数字计算

1　老人与猴 // 032
2　梨的重量 // 033
3　妻子的帽子 // 034
4　聪明的老牛 // 035
5　测篮球场 // 036
6　爬楼梯 // 037
7　骑车爱好者 // 037
8　雷娅大婶卖萝卜 // 038
9　猜门牌号码 // 039
10　考了零分 // 040
11　爷爷分鱼 // 041
12　巧摆正方形 // 042
13　烤面包 // 043
14　特殊的零花钱 // 044
15　巧带钢管 // 044
16　还有10美元哪儿去了 // 045
17　谁与老师面对面 // 046
18　迈克数鸟 // 047
19　飞镖比赛 // 048
20　小剧场的观众 // 049
21　找错账 // 049
22　救命的救生艇 // 050
23　奇怪的队形 // 051
24　蝴蝶和蝉 // 051
25　两座海岛 // 052
26　书架里的书 // 053
27　挖水渠 // 053
28　卖鸡蛋 // 054
29　数学竞赛 // 055
30　买报的人数 // 056
31　全班人数 // 057
32　打乒乓球 // 057
33　圈　羊 // 058
34　80分以上 // 059
35　新电价 // 060
36　与外婆家的距离 // 061
37　舞台的灯 // 062
38　喂　猴 // 063

第三章　哈佛学生爱做的数字脑筋急转弯

1　打碎的鸡蛋 // 066
2　数字赛跑 // 067
3　三张门票 // 068
4　谁大？谁小？ // 068
5　两车过桥 // 069
6　吃苹果 // 070

目录

7 女儿多大 // 070
8 剩下的桌角 // 071
9 树上的麻雀 // 071
10 8的一半 // 072
11 狗吃骨头 // 072
12 找 钱 // 073
13 第一位的年龄 // 074
14 节能灯 // 074
15 煮 蛋 // 075
16 上学与放学 // 076
17 火车在哪儿 // 076
18 泰坦尼克号 // 077
19 夏洛特渡河 // 077
20 还不知道 // 078
21 奇怪的数 // 079
22 磁 极 // 079
23 出 差 // 080
24 数学水平 // 081
25 有个怪物 // 081
26 叫 卖 // 082
27 值得表扬 // 083

28 剩下的蜡烛 // 083
29 吃 药 // 084
30 剩下的柿子 // 085
31 做不到 // 085
32 从一到万 // 086
33 干洗衣服 // 086
34 牛的角 // 087
35 凯伊的生日 // 087
36 取 水 // 088
37 快速的蜗牛 // 089
38 鞋的价钱 // 089
39 分苹果 // 090
40 一只左手 // 090
41 盲人杰克 // 091
42 剩下的兔子 // 091
43 昂贵的纸飞机 // 092
44 好人和坏蛋 // 092
45 奶奶分糖 // 093

第四章 哈佛学生爱玩的数字智力游戏

1 生日的推断 // 096
2 四个数的数值 // 097
3 绳子被分成几段 // 098
4 时钟的快慢 // 099
5 体重的趣题 // 100
6 戒烟成功的日期 // 101

目录

7 水桶的溢出时间 // 102
8 迪奇的年龄 // 103
9 有趣的魔术 // 103
10 剪彩页的故事 // 105
11 有关公倍数的故事 // 106
12 比一比木块的大小 // 107
13 食用盐的多少 // 108
14 算一算瑞娜家的门牌号码 // 109
15 客人的多少 // 110
16 新的电话号码 // 111
17 玩调色板引发的思考 // 111
18 家庭的人数 // 113
19 怎样摸对袜子的颜色 // 114
20 同学的人数 // 115
21 大河的宽度 // 116
22 年龄的推断 // 117
23 开花的果树 // 118
24 火车的开车时间 // 119
25 飞驰的火车 // 119
26 迷路的人数 // 120
27 与沙漠的斗争 // 121
28 猜数字的魔术 // 122
29 凶案发生的确切时间 // 123
30 一名数学家的遗产 // 124
31 逃跑的汽车 // 125
32 虚伪的慈善家 // 126
33 确切的时间 // 127
34 奇怪的保密号码 // 128
35 关灯游戏 // 129

第五章 哈佛学生爱看的数字智慧故事

1 魔术师的技法 // 132
2 油画的价格 // 133
3 邮局难题 // 134
4 害人的假钞 // 135
5 火车票的种数 // 137
6 买书的价格 // 138
7 破译的情报 // 139
8 摆渡的小船 // 140
9 聪明的商人 // 141
10 开会的人数 // 142
11 服务费的多少 // 142
12 狗跑了多远 // 143
13 算一算哪个最便宜 // 144
14 一共卖了多少鱼 // 145
15 公司的礼仪 // 146
16 赠送的酒席 // 147
17 有没有免费的午餐 // 148
18 谁来听课 // 149

19 分苹果的故事 // 150
20 买鸡和卖鸡 // 151
21 换鸡蛋所遇到的问题 // 152
22 卖房子的结果 // 153
23 金条的分割 // 154
24 一共有几名常客 // 155
25 小贩之间的交换 // 156
26 童话故事选的单价 // 157
27 赚钱还是赔钱 // 158
28 卖丝巾的问题 // 159
29 找零钱的故事 // 160
30 桃子的分配 // 160
31 检票口的个数 // 161
32 哪个公司薪水高 // 162
33 数一数硬币的数量 // 163
34 奇怪的比例 // 164

第六章 哈佛学生喜欢的魔力数字

1 奇妙的睡莲 // 166
2 是错，也是对 // 166
3 拼 图 // 167
4 数字卡片 // 168
5 歪打正着 // 168
6 宝库密码 // 169
7 最喜欢的数 // 171
8 数字和为质数 // 172
9 足球联赛 // 173
10 一口说出星期几 // 174
11 演唱会门票 // 175
12 抢30 // 176
13 游客的人数 // 177
14 原来的数 // 178
15 一刹那 // 178
16 四个4 // 179
17 新的余数 // 181
18 巧妙的100 // 182
19 分硬币 // 183
20 不完整的四位数 // 184
21 过 河 // 184
22 多少对兔 // 185
23 黄豆的数量 // 186
24 另类自然数 // 187
25 戒烟有方 // 187
26 神奇的多位数 // 188
27 巧妙的加法 // 189
28 使差最小 // 190
29 使差最大 // 191

第一章
哈佛学生感兴趣的数字故事

哈佛学生最喜欢的
数字游戏

1
乌鸦喝水与鸡蛋的关系

我们知道，长方体的体积等于长乘以宽再乘以高，正方体的体积等于棱长的立方。可是你有没有想过，应该怎么求得一只鸡蛋的体积呢？

鸡蛋的外形不规则，没有现成的公式可用，想到这里，大家或许会一筹莫展。

但是，如果你听过《乌鸦喝水》的故事，这个问题就能迎刃而解了。

《乌鸦喝水》的故事中说：乌鸦想喝瓶子里的水，但瓶口太小，水面又低，乌鸦无法喝到。聪明的乌鸦发现周围地上有小石子，于是衔起石子，放入瓶中。每放进一粒小石子，水面就会上升一点；投进的小石子体积越大，水面上升得就越高。

这是因为投入的石子有"体积"，要占据一定的空间，它会把与它体积相等的水"挤"上去。也就是说，被"挤"上去的水的体积恰好等于投进的石子的体积。

石子的体积难以求出，那是因为它的形状不规则。如果我们能计算出被它"挤"上去的水的体积，那么就能推算出石子的体积。这时，只需要一个形状规则的器皿，就能轻易计算出被"挤"上去的水的体积了。

假设这个形状规则的器皿底面是边长4厘米的正方形,放入石头后水面上升了2厘米,那么石头的体积是4×4×2=32(立方厘米)。到这里,你一定会高兴地叫起来:"那我也会求鸡蛋的体积了。"

★ 数字谜题 ★

具体应该怎么求得鸡蛋的体积呢?

●● 疑难解答 ●●

将鸡蛋放入一个盛有水的形状规则的容器中,记下水面上升的刻度,所算得的这部分水的体积即为鸡蛋的体积。

2 捕猎的收获

迈克、保罗、皮特,三个好朋友感情非常好,时常结伴打猎。路上三人相互照顾,可以提高安全性。

一天,迈克、保罗、皮特三人又结伴去打猎。

迈克打了3只野猪;保罗打的野兔的数量是迈克和皮特两个人猎物总数的一半;皮特猎到的老鹰数是迈克和保罗二人打到的野兽数量之和。

★ 数字谜题 ★

保罗打了多少猎物？皮特打了多少猎物？

•● 疑难解答 ●•

设保罗打到的野兔的数量为 x，保罗猎到的老鹰的数量为 y，可以根据条件列出一个方程组

$$\begin{cases} x=1/2(3+y) \\ y=3+x \end{cases} \quad 解得 \quad \begin{cases} x=6 \\ y=9 \end{cases}$$

所以，在这次打猎中保罗打了6只野兔，皮特打了9只老鹰。

3 小白鼠会排队

一天，小花猫抓到了5只小白鼠。它让小白鼠们排成一队，然后"一、二"报数，所有数"一"的小白鼠都被它吃掉。剩下的小白鼠再"一、二"报数，所有数"一"的小白鼠又被吃掉了。整个过程完成后，剩下了一只小白鼠。

这天，小花猫又捉到9只小白鼠，加上之前剩下的那只小白鼠，一共10只。它又让这10只小白鼠像上次那样排成一列，然后"一、二"报数，一共进行了三次报数，每次报完数，它都吃掉数"一"的小白鼠。奇怪的是，这只小白鼠又幸存了下来。

猫问道："怎么还是你？"

小白鼠回答说："我计算过，剩下的一定是我。"

猫又问："上次你排第四位，这次排第八位，下次我抓19只来，你会排第几位？"

★ **数字谜题** ★

能帮小白鼠回答这个问题吗？

● **疑难解答** ●

在第一次有5只小白鼠的时候，聪明的小白鼠利用2×2=4，排在第四位。第二次共有10只小白鼠时，它利用2×2×2=8，排在第八个位置。所以，下次小花猫抓来19只小白鼠，即共20只小白鼠时，小白鼠会排在2×2×2×2=16的位置。

4 猴子和桃子

众所周知，猴子最喜欢吃的食物莫过于桃子。

一天，一群猴子来到一个果园，发现这里有一棵是桃树，树上结着许多又大又甜的桃子。猴子们垂涎欲滴，乱哄哄地蹿上树抢食。

如果每只猴子吃2个桃子，那么树上还会剩下2个桃子。如果每只猴子吃4个桃子，那么就会有2只猴子吃不上桃子。

★ **数字谜题** ★

一共有几只猴子？一共有几个桃子？

哈佛学生最喜欢的
数字游戏

●●疑难解答●●

设有x只猴子,有y个桃子,可根据条件列出一个方程组:

$$\begin{cases} y=2x+2 \\ y=4x-8 \end{cases}$$ 解得 $$\begin{cases} x=5 \\ y=12 \end{cases}$$

所以,树上一共有5只猴子,一共有12个桃子。

5 养鸡的学问

从前,有一对农民夫妻,名字分别叫贝克和凯丝。他们非常穷苦,但十分恩爱。他们勤劳节俭,小日子过得还算甜美。

后来,贝克和凯丝饲养了一些鸡。养鸡带来的收入,让他们的生活水平比以前提高了很多。

一天,贝克发现鸡饲料不足,便对凯丝说:"亲爱的,我们现在有两个方案:一个方案是,卖掉75只小鸡,那鸡饲料还可以多维持20天;另一个方案是,买进100只小鸡,那么鸡饲料将少维持15天。"

凯丝朝贝克笑了笑说:"可是,老公,你说了半天,我还是没有弄清我们家里一共养了多少只小鸡呢!"

★数字谜题★

贝克和凯丝这对农民夫妻家里一共养了多少只小鸡?如果不买

也不卖小鸡,鸡饲料能维持多少天?

疑难解答

假设现有鸡饲料能维持 t 天,鸡的总数量为 x 只,每只鸡每天吃饲料为1。那么,现有饲料总量为 $xt=1(x-75)(t+20)=1(x+100)(t-15)$,据此,$x=300$,$t=60$。

所以,这对农民夫妻家里一共养了300只小鸡,鸡的饲料足够维持60天。

6 鸭爸爸的推断

从前,有2只可爱的鸭子,他们一个英俊帅气,一个漂亮妩媚。他们结成伉俪,过着幸福的生活。

一段时间后,鸭妈妈怀上了4个鸭宝宝。鸭爸爸乐坏了,他对鸭妈妈说:"亲爱的,你说我们的宝宝有几只是公鸭子,有几只是母鸭子?"

鸭妈妈摇着头,笑着说:"我也不知道呢。"

于是,鸭爸爸就展开了它的一系列推断:4只都是公的,这个概率很小,4只都是母的,这个概率也很小。因为每只鸭子是公还是母,它们的概率都是50%对50%。

"所以很明显,亲爱的,你最有可能生出两只公鸭子和两只母鸭子。"鸭爸爸得意地说。

★ 数字谜题 ★

鸭爸爸的推断正确吗?

•● 疑难解答 ●•

鸭爸爸的推断是不正确的,按照概率原理,每一次生公鸭子或者母鸭子的概率都是1/2,而不是总体比率是1/2。

7 愚蠢的蜘蛛

很久很久以前,有一只意志力十分顽强的蜘蛛。这天,它沿着垂直的墙壁往上爬行。

爬了一个小时后,它到达离顶点还有一半路程的位置;又过了一个小时,它爬了剩余路程的一半,到达离顶点还有3/4路程的位置;接着又过了一个小时,它爬了剩余路程的一半,到达离顶点还有7/8路程的位置。

★ 数字谜题 ★

照这样下去,蜘蛛还需要多久才能到达墙壁的顶点?

•● 疑难解答 ●•

第一个小时后,蜘蛛爬到了墙壁的1/2;

第二个小时,"它爬了剩余路程的一半,到达离顶点还有3/4

路程的位置",也就是它往回爬了路程的1/4,即现在往上爬了1/4;

第三个小时,"它爬了剩余路程的一半,到达离顶点还有7/8路程的位置",也就是又往回爬了1/8。

方向错了,永远也到不了顶点。

8 奶牛的数量

杰瑞斯和汤姆斯是美国两个相邻奶牛场的主人。

一天,杰瑞斯对汤姆斯说:"现在咱们两个牧场一共有123头奶牛,如果我卖出1/3的奶牛,你买进2头奶牛,那咱们所拥有的奶牛头数就一样了!"

汤姆斯恍然大悟:"是啊,我怎么没发现呢。不过对了,你有几头奶牛呢?"

杰瑞斯说:"你按照我说的算一算就知道啦!"

★数字谜题★

杰瑞斯和汤姆斯的奶牛场,分别有多少头奶牛?

•• 疑难解答 ••

设杰瑞斯有x头奶牛,汤姆斯有y头奶牛,根据条件可以列出一个方程组:

$$\begin{cases} x+y=123 \\ 2/3x=y+2 \end{cases} \quad 解得 \quad \begin{cases} x=75 \\ y=48 \end{cases}$$

所以，杰瑞斯的奶牛场里有75头奶牛，汤姆斯的奶牛场有48头奶牛。

9 牛与青草

牛顿是英国著名的科学家，牛顿三大定律便是以牛顿的名字来命名的。人们借此表达对牛顿的尊敬和爱戴，表彰牛顿对世界科学进步所作的伟大贡献。

一天，牛顿到一个农场里探访，他看到几个小孩在院子里玩耍，于是就编了一道数学故事题来考他们。

故事是这样的：一家牧场主养了几头奶牛，牧场的青草生长速度保持一致。如果有10头奶牛在这片青草地上牧养，可以维持22天；如果这片青草供给16头奶牛吃，可以吃10天。牧场主想养25头奶牛，于是对草料的供给犯难了。

★ 数字谜题 ★

如果这片青草供给25头奶牛吃，可以吃几天？

·•疑难解答•·

5.5天，牧场主最终找到了答案。

设总草量为1，每天长出的草是总草量的x倍，每头牛每天吃掉

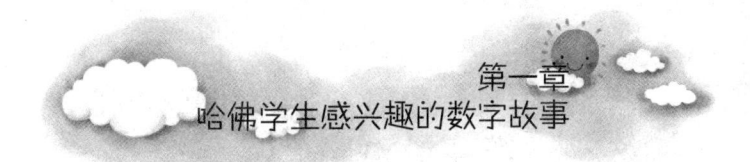

总草量的y倍，于是得出下面的方程式：

$$\begin{cases} 1+22x=10+22y \\ 1+10x=16\times 10y \end{cases} 解得 \begin{cases} x=1/22 \\ y=1/110 \end{cases}$$

设25头吃z天，则：$1+z\times(1/22)=25\times z\times(1/110)$

解得$z=5.5$。

10 火鸡、鸭、鹅的计算

很久以前，英国有一位著名的数学家名叫斯威夫特。他爱上了一位美丽的姑娘。在30岁那年，他如愿以偿地和这位名叫玛丽的姑娘结了婚，建立了自己的家庭。他们夫妻关系非常和睦，小日子过得十分甜蜜。

光阴似箭，岁月如梭，一转眼半个世纪过去了。他们子孙满堂，幸福快乐。这一天，是他和玛丽50年金婚的日子，这年斯威夫特正好80周岁。

斯威夫特的儿孙们都来给他祝寿。斯威夫特非常高兴，为了一起庆祝这个值得纪念的日子，斯威夫特拿出10英镑11先令（1英镑等于20先令）来，嘱咐佣人去买一些火鸡、鸭和鹅来加餐。

佣人买完斯威夫特要求购买的若干只动物后，钱恰好用完了。按照当地的风俗，同种家禽无论大小，都以同样的价格出售。如果用先令来计算，每种家禽的售价都是整数。

哈佛学生最喜欢的数字游戏

斯威夫特拿出的钱的数量是10英镑11先令,并且每一种家禽所购买的个数恰恰是每只家禽的售价的数量,其中火鸡的价格最贵,然后是鸭子,最后是鹅。他们一共买了23只家禽。

佣人回到家后,斯威夫特兴致很高,就以这道题来考自己的孩子们:"孩子们,你们都来算算,佣人一共买了几只火鸡、几只鸭子、几只鹅呢?"

由于计算烦琐,过了好久,在座的子孙都没有计算出来。这时,斯威夫特最小的外孙跑到他身边,用了一个极其快捷易懂的方法,正确地说出了答案。

斯威夫特非常高兴,在众人面前大大地夸赞了小外孙。

★数字谜题★

你知道这道数学题的答案吗?

·•●疑难解答●•·

假设购买的火鸡为x,购买的鸭子为y,购买的鹅为z。那么用代数方法就可以解答。$x \times x + y \times y + z \times z = 211$,$x+y+z=23$。火鸡买了11只,鸭子买了9只,鹅买了3只。

11 蜜蜂的旅程

很久很久以前,两名自行车运动员同一时间从甲乙两地出发,相对而行。当他们相距300千米的时候,有一只淘气的小蜜蜂在两名运动员之间不停地飞来飞去。直到两名运动员相遇了,小蜜蜂才乖乖地在一名运动员的肩上停下来。

小蜜蜂以每小时100千米的速度在两名运动员之间飞行了3个小时。在此期间,两名运动员的平均车速为每小时50千米。

★ 数字谜题 ★

这只小蜜蜂一共飞行了多少千米?

●● 疑难解答 ●●

这只小蜜蜂整整飞了3个小时,一共飞行了300÷(50+50)×100=300千米。

12 狡猾的狐狸

众所周知,狐狸是一种非常狡猾的动物,经常坑害其他动物。

这天,一只狐狸在市集上一瘸一拐地走着,心里思量着发财投机的办法。这时,他看见一只小鹿在卖大葱,就走过去问:"小鹿,大葱怎么卖?一共多少根葱啊?"

小鹿说:"1千克葱卖10美元,一共100千克。"

狐狸心眼一动,坏主意便打定了,他问小鹿:"你这葱,有多少葱白,多少葱叶呀?"

哈佛学生最喜欢的数字游戏

小鹿不知道狐狸想做什么，老实地回答说："我这里的大葱，一棵有20%葱白，80%葱叶。"

狐狸眼睛里闪烁着狡黠的光，他说："1千克我付7美元，买你的葱白；葱叶，1千克付你3美元。7美元加3美元正好等于10美元，行吗？"

小鹿想了想，觉得大葱整卖也是10美元，没有什么区别，就答应卖给他。狐狸笑了笑，列了个算式，开始算钱：

$7 \times 20 + 3 \times 80 = 140 + 240 = 380$（元）

他指着公式说："100千克大葱，葱白占20%，就是20千克。葱白每千克7美元，就是140美元；葱叶占80%，就是80千克，每千克3美元，总计240美元。合在一起是380美元。对不对？"

小鹿的数学不好，豪爽的它直接说："你算对了就行。"

"我数学很好的，肯定没错，380美元，给你！"狐狸把钱递给小鹿。

小鹿卖完葱往回走，总觉得钱数不对，可是自己却算不出来哪里不对。路上遇到数学老师老山羊，便请老山羊给他解答疑问。

老山羊说："你原来大葱是1千克卖10美元。你有100千克，应该卖1000美元才对，狐狸怎么只给你380美元呢？"

小鹿点了点头："真是这样，但是我想不明白哪里错了！"

老山羊说："按照狐狸给你的价钱，2千克才能得到10美元，原本你是1千克卖10美元，已经吃一半亏了。"

小鹿问："吃一半亏，那我也应该得500美元才对，怎么才只得380美元呢？"

★ 数字谜题 ★

小鹿到底是怎么吃亏的？

●● 疑难解答 ●●

1千克葱白吃亏3美元，20千克吃亏60美元；1千克葱叶吃亏7美元，80千克吃亏560美元，合起来正好少卖了620美元。

13 小蚂蚁的任务

小小的蚂蚁，辛勤无比。它们忙到东来忙到西，到处寻觅食物。

一天，一只蚂蚁出来侦查，在路边发现一条刚刚死了的大昆虫。它马上跑回洞里召集了10个伙伴一起来搬猎物。当它们赶到那条大昆虫身边时，发现自己力量不够，不管它们怎么齐心协力，大昆虫仍然是纹丝不动。焦急的它们围着大昆虫转来转去，最后决定：再召集其他蚂蚁一起来搬猎物。

于是蚂蚁们立即跑回洞里又各自召集来10个伙伴一起来搬猎物。但是这群蚂蚁赶到那条大昆虫身边后，发现还是怎么也搬不动。蚂蚁们只得再次跑回洞去，召集其他蚂蚁一起来搬运猎物。它们又各自召集来10个伙伴，这一次，它们终于成功将大昆虫运回了蚂蚁洞里。

哈佛学生最喜欢的数字游戏

★ 数字谜题 ★

为了完成这次搬运任务,一共出动了多少只蚂蚁?

•●疑难解答●•

第一次,1只;

第二次,11只;

第三次,$11 \times 10 + 11 = 121$ 只;

第四次,$121 \times 10 + 121 = 1331$ 只。

总共出动了1331只蚂蚁。

14 猪、牛、羊的单价

小镇上许多家庭都饲养了家畜。他们靠养猪、牛、羊来养家糊口。

一天,一位老农牵着自己饲养的家畜前往集市售卖。其中有2头猪、3头牛和4只羊,它们各自的总价都不满1000美元。如果将2头猪与1头牛放在一起卖,或者将3头牛与1只羊放在一起,又或者将4只羊与1头猪捆绑售卖,那么各方案的总价都正好是1000美元了。

★ 数字谜题 ★

猪、牛、羊的单价各是多少?

•●疑难解答●•

设猪、牛、羊的单价分别为 x、y、z。

$$\begin{cases} 2x+y=1000 \\ 3y+z=1000 \\ x+4z=1000 \end{cases} \text{解得} \begin{cases} x=360 \\ y=280 \\ z=160 \end{cases}$$

所以，猪的单价是360美元，牛的单价是280美元，羊的单价是160美元。

15 有关猪肉的计算

有一所大学，有东、南、西三个食堂，它们的账目是相互独立的。这天，学校要举办一次大型宴会，要宰猪庆祝。

东面的食堂从自己饲养的猪中拿出4头；南面的食堂从自己饲养的猪中拿出来3头；西面的食堂因为自己饲养的猪还太小，所以就没有拿出来。这样，三个食堂一共拿出来7头猪。巧合的是，这7头猪的重量是相同的。

三个食堂把猪宰了以后，把猪肉一一称重，发现分量是相同的。

庆典完成后，没有提供猪的西面的食堂拿出了70美元作为猪肉钱。

哈佛学生最喜欢的数字游戏

★ 数字谜题 ★

这70美元应该怎么分给东面的食堂和南面的食堂呢？东面的食堂和南面的食堂各应该分多少呢？

•● 疑难解答 ●•

一共7头猪，按三家分的话，每家应该出7/3头猪。

东面的食堂出了4头猪，也就是比平均数多了4-7/3=5/3（头）；

南面的食堂出了3头猪，也就是比平均数多了3-7/3=2/3（头）。

所以，东面的食堂与南面的食堂所得钱数之比为5/3∶2/3=5∶2。也就是说，东面的食堂应该分得50美元，南面的食堂应该分得20美元。

16 骡子和驴的抱怨

有一天，一个农民牵着一头驴子和一头骡子走在大路上。驴和骡子驮着几袋重量相等的大米，并肩而行。

路上，驴子不停地抱怨："我驮的货物这么沉，真是累死我了。"

骡子听了，安慰说："老兄，你有什么好抱怨的呢？如果把你的一袋大米加到我的背上，我的负担就比你的整整重一倍；如果把我的一袋大米加给你驮，我们的负担才刚刚相等。"

★ 数字谜题 ★

骡子和驴子分别驮了几袋大米？

●● 疑难解答 ●●

假设驴子驮了x袋大米，骡子驮了y袋大米，那么由题可知，

$$\begin{cases} 1+y=2(x-1) \\ 1+x=y-1 \end{cases} 解得 \begin{cases} x=5 \\ y=7 \end{cases}$$

所以，骡子驮了7袋大米，驴子驮了5袋大米。

17 有关古人的试题

英国有一位非常著名的经济学家，叫亚当·斯密。他的代表作是一部剖析资本主义经济体制的《国富论》。亚当·斯密就是凭借这部著作名扬天下的。

这天，亚当·斯密正津津有味地翻阅一本古代文献，看到书上的一个小故事。他觉得这个故事非常有趣，就叫来小孙子。

他说："古节记载，有一个人，在公元前10年出生，在公元10年的生日前死去。亲爱的宝宝，你能计算出这个人去世时的年龄是多少吗？"

他的小孙子经过一番思索，终于说对了这位古人的年龄。

哈佛学生最喜欢的数字游戏

★ 数字谜题 ★

这位古人的年龄是多少？

•●疑难解答●•

公元前10年出生，

公元前9年，1岁；

公元前8年，2岁；

…………

公元前1年，9岁；

公元1年，10岁；

…………

公元9年，18岁。

由于此人是公元10年的生日前死去，所以死时仍是18岁。

解答此题需要注意的是：年号里没有被称为0年的年份。

18 算一算珠宝的数量

　　一个非常富有的大财主有五个儿子，他们整天游手好闲，吊儿郎当。财主死后，他们很快把家产挥霍一空。后来，这五个市井无赖打听到东海龙宫里堆满了珠宝，于是决定冒死前去偷窃。

　　这天，五个无赖在海边观察形势。突然间，海上吹起了狂风，五个人无法招架，迫不得已，只能躲进一个大树洞里避风。不料，这

第一章 哈佛学生感兴趣的数字故事

个树洞竟是个无底洞,他们不断往下掉,往下掉,一个个吓得浑身直冒冷汗。不过幸运的是,五个人都安全着地了。他们仔细打量着洞底,发现自己掉进了苦苦寻觅的龙宫。五兄弟欢呼雀跃,欣喜之情溢于言表。

他们四处搜寻,在龙宫里转来转去。突然,老大在一棵硕大的珊瑚树下发现了一堆闪闪发光的珠宝。

"珠宝,这里有珠宝!"老大一边喊,一边迅速打开包裹,把珠宝往包裹里放。另外四个兄弟也快速围了上来,迅速地装起珠宝。老大很快装好了珠宝,他命令兄弟们立即撤退。可贪婪的老五才装了一点,觉得还不够,还要继续装。

这时,一声严厉的吼叫打断了他们:"别动,你们是什么人?"

兄弟五人被龙宫卫士的吼声吓了一跳,他们两腿发颤,浑身发抖,乖乖地被龙宫卫士抓进了牢房。

到了深夜,五个人都难以入睡。老大心想:"龙宫卫士有令,谁偷的珠宝最多,明天谁就要被杀头;其他四个只挨板子被赶出龙宫,不用杀头。"于是老大趁其他兄弟都在熟睡,偷偷起身,把自己偷到的珠宝往其余四个人的包裹里都塞进一些,恰好他塞进去的珠宝数量等于这四个人原有的珠宝数量。

过了一会儿,老二醒过来了。他摸摸自己的行囊,发现自己的珠宝变多了。他也非常害怕,也偷偷地起身,把自己偷到的珠宝往其余四个人的包裹里都塞进一些,恰好他塞进去的数量等于这四个人原有的珠宝数量。

老三、老四、老五相继醒来,都发现自己包裹里的珠宝多了。于是他们也都采取了相同的行动。

哈佛学生最喜欢的数字游戏

就这样，五兄弟安心地睡到天亮。

第二天一大清早，龙宫卫士到监狱来搜查珠宝点数后，他们惊奇地发现——每个人的珠宝数量竟然是相同的，每个人的珠宝数都是32颗。

★ 数字谜题 ★

五兄弟原来每人各偷了多少珠宝？

●● 疑难解答 ●●

设五个人原来偷到的珠宝分数别为A、B、C、D、E。因为最后每人都是32颗，所以：

$2^4 \times E = 32 + 16 \times 4$，故E=6；

$2^3 \times D = 48 + 3 \times 8 + 16$，故D=11；

$32 \div 2^4 = 2$，$2^2 \times C = (160-8)/2 + 8$，故C=21；

$2B = (160-4)/2 + 4$，B=41；

$32/2^4 = 2$，$A = (160-2)/2 + 2$，A=81。

所以，老大原来偷窃了81颗珠宝，老二原来偷窃了41颗珠宝，老三原来偷窃了21颗珠宝，老四原来偷窃了11颗珠宝，老五偷窃了6颗珠宝。

19 旅行家的旅行故事

古时候,英国有一位著名的旅行家,经过千里跋涉,来到了当时还被称为"荒蛮之地"的美国西部。他到达那里后,身心疲惫,于是就在当地的一个小旅馆住了下来。

住了几天,这位旅行家想离开旅馆,前往派克镇旅游。他向几位当地人打听从旅馆到派克镇的路怎么走。

当地人很热情地说:"朋友,从这里出发到派克镇去只有一条路可以走。你既可以坐公共马车,也可以步行,当然也可以将两种交通方法结合起来。所以,如果你要到派克镇的话,你可以挑选以下四种不同的交通方案:

"第一个方案,你可以全程乘坐公共马车。但是如果全程乘坐公共马车的话,马车将要在一个小店停留30分钟。

"第二个方案,你可以全程步行。如果你在公共马车驰离小旅馆的同时出发,那么当公共马车到达派克镇的时候,你还有1千米的路程要走。

"第三个方案,离开旅馆后你可以步行到那个公共马车停留的小店,然后再坐公共马车。如果你和公共马车同时离开旅馆,那么你步行了4千米时,公共马车已经到达了那个公共马车停留的小店。但是因为公共马车要停留30分钟,所以,当公共马车即将离开

哈佛学生最喜欢的数字游戏

小店向派克镇驶去的时候,你刚好赶上这一班公共马车。这样,你就可以乘坐公共马车赶去派克镇了。

"第四个方案,你可以先乘坐公共马车离开旅馆,抵达那个公共马车停留的小店,然后再步行,走完剩余的路程。

"当然,第四种方案是最快的,如果按照第四种方案走,你可以比公共马车提前15分钟到达派克镇。"

这位旅行家听完了当地人的讲述,低头沉思了片刻,很快就计算出从旅店到派克镇的路程长度。

★ 数字谜题 ★

你们能不能像这位旅行家一样,计算出从旅店到派克镇的路程长度呢?

●● 疑难解答 ●●

假设旅馆到小店的路程为 s_1,旅馆到派克镇的路程为 s,马车的速度为 v_1,步行的速度为 v_2。

根据第二种方案可得 $s/v_1+1/2=(s-1)/v_2$

根据第三种方案可得 $4/v_2=s_1/v_1$;$s_1/v_2=s_1/v_1+1/2$

根据第四种方案可得 $(s_1/v_1+(s-s_1)/v_2+1/4=s/v_1+1/2$

可推算出 $v_1=6$,$v_2=4$,$s_1=6$,$s=9$。

所以,从旅店到派克镇的路程长度为9千米。

20 有趣的数字

有一位英明的国王,他的臣子们都饱读诗书,非常能干。

有一天,国王召集所有文武大臣前来喝酒。正当大臣们兴致勃勃地欣赏歌舞表演时,国王要求众大臣回答一个小小的问题,如果有谁回答对了,国王就赏赐给他一块异域进贡的翡翠玉雕。如果没有人答对,那么众大臣就必须罚酒三杯,以示警告。

国王说:"我们将1、2、3、4、5、6、7、8、9这几个数字在不改变顺序的前提下(即可以将几个相邻的数合在一起成为一个数,但是不可以颠倒),在它们之间填写加号和减号。最终,要使结果等于100。"

正当其他大臣还在卖力计算的时候,一个年轻人已经把答案呈献给了国王。

国王看了以后非常高兴,并按约定赏赐了他精美玉雕。

★ 数字谜题 ★

怎样在这几个数字之间填写加号和减号,最终使结果等于100呢?

·· ● 疑难解答 ● ··

这个年轻人的答案是:12+3+4+5-6-7+89=100。

21 迎娶公主的比赛

有一位公主,她长得天姿国色,美艳绝伦。到了应该婚配的年纪了,国王决定亲自为她挑选驸马。

各国的王子、王孙、贵族争相赶来,向美丽的公主求婚。经过几轮选拔,国王最后决定从甲、乙、丙三位王子之中挑选一位作为公主的驸马。

国王想了一下,说:"我决定从你们三位王子之中挑选一个做公主的驸马。我的挑选过程非常简单,你们三个两个两个地进行决斗,最后存活下来的王子就可以迎娶我的女儿。我也会将我的整个国家赠送给他,作为陪嫁。"

三位王子听到这么优厚的待遇都十分激动,于是都一口答应了国王的要求。

第二天,比赛开始了,国王分发给三位王子一人一把手枪。甲王子枪法不好,命中率仅仅是30%;乙王子枪法还可以,命中率是50%;而丙王子枪法最好,命中率是100%。

了解了这个情况,国王为了使三方都觉得比赛公平,于是决定:甲王子最先开枪;乙王子随后开枪;丙王子最后开枪。

★ 数字谜题 ★

哪位王子迎娶美丽公主的概率比较大?

疑难解答

在这次迎娶公主的比赛中,甲王子迎娶美丽公主的概率最大;乙王子迎娶美丽公主的概率第二;丙王子迎娶美丽公主的概率最小。甲先向丙开枪,如果命中,则乙向甲开枪,命中率50%,甲有一半的存活机会;如果没命中,则乙会向丙开枪,乙的存活率比丙高,且甲暂时安全;若乙命中丙,则由甲向乙开枪,甲的存活率较乙高。

22 愚蠢的法规

古时候,有一个国王,整日沉湎于女色。为了使他的臣子们能够像他那样享受女色,他发布了一条奇怪而又荒唐的法律。

每一个已婚的女人只要生了她的第一个男孩后,就马上禁止再生小孩。然而只要你生的是女孩,那么你就能继续生下一个孩子。

颁布了这一法律后,国王很高兴,他认为:法律颁布以后,有些家庭就会有几个女孩,而最多只有一个男孩。换句话说,就是任何一个家庭都不会有一个以上的男孩。所以过段时间,女性人口就会很明显地超过男性人口了。

这样,整个国度里的男人就会有更多的妻子了。

哈佛学生最喜欢的
数字游戏

★ 数字谜题 ★

这个国王能不能通过这条法律实现他的意愿呢?

●● 疑难解答 ●●

国王不能通过这条法律实现他的意愿。因为无论在什么情况下,生男生女的概率都是相同的,没有任何变化。

23 关于地球周长的故事

公元3世纪,有一位非常有名的希腊学者,名叫依勒斯塞尼斯。

一天,他去埃及旅游,无意中发现埃及的阿斯旺地区有一口非常非常深的井。平时,太阳光不能照射到井底,井里总是漆黑一团。只有到了每年的6月21日正午,太阳光才能直射到井里。为了一睹这口神奇深井的独特风采,人们争相来到阿斯旺。

除了这次埃及之旅,依勒斯塞尼斯还发现,在阿斯旺正北的亚历山大港,在6月21日这一天,如果正午时在平坦地面上竖直放一根5米长的棍子,那么棍子在地面上的影子长度为80厘米,依勒斯塞尼斯测量了一下太阳光和这根棍子的夹角,是7.5度,于是他脑海里冒出了想计算一下地球周长的念头。

于是,依勒斯塞尼斯骑着骆驼从阿斯旺出发,顺着北面方向前往亚历山大港。他第一天走了16.8千米,这个速度非常合适,他决定以后每天就按这个速度前进。历经50天的奔波后,依勒斯塞尼斯到达了亚历山大港。一到亚历山大港，依勒斯塞尼斯就马上计算出了地球的周长。

★ 数字谜题 ★

你能否说出这位希腊学者是如何计算地球周长的？地球的周长又是多少呢？

•• 疑难解答 ••

直立物的影子是由亚历山大城的阳光与直立物形成的夹角造成的。从地球是圆球和阳光直线传播这两个前提出发，从假想的地心向阿斯旺和亚历山大城引两条直线，其中的夹角应等于亚历山大城的阳光与直立物形成的夹角。按照相似三角形的比例关系，已知两地之间的距离，便能测出地球的圆周长。依勒斯塞尼斯测出夹角约为7.5度，是地球圆周角（360度）的1/48，由此推算地球的周长为40320千米，以上故事运用了圆周长计算原理。

24 谁坐马车，谁坐汽车

从前，有一对亲兄弟，一个是绅士，一个是财主。

一天早上，这对亲兄弟想到城里去办事。他们一个乘汽车，另一个坐马车，同时从乡下出发。

哈佛学生最喜欢的数字游戏

绅士走了一段路后发觉,如果他走过的路程再增加三倍的话,他剩下的路程就要减少一半。而财主走了一段路后发觉,如果他走过的路程减少一半的话,他剩下的路程就要增加三倍。

★ 数字谜题 ★

谁坐的是马车,谁坐的是汽车?

●● 疑难解答 ●●

设绅士走过的路程为x_1,剩下的路程为y_1,财主经过的路程为x_2,剩下的路程为y_2,根据条件可得:

$4x_1+0.5y_1=x_1+y_1=x_2+y_2=0.5x_2+4y_2$,可以算出$x_1:x_2=1:6$。

所以绅士走过的路小于财主走过的路,故绅士坐的是马车,财主坐的是汽车。

第二章

哈佛学生喜欢的奇妙数字计算

1 老人与猴

　　从前，有一个老人，养了一只猴子。他还有一个小小的香蕉园。每到香蕉成熟的时候，他就会让猴子爬到树上帮他摘香蕉。

　　这一年，老人的香蕉又成熟了。早晨，老人带着猴子去摘香蕉。猴子一共摘了100根香蕉。老人把香蕉放入筐中，往家背，但他每次只能背50根。从香蕉园到家有50米。为了不让猴子偷吃剩下的香蕉，老人给猴子的脖子上拴了根绳子牵在手里。即使这样，老人每走1米，猴子还是会从老人背的筐中偷吃一根香蕉。如果老人就这样直接把香蕉背回家，肯定1根不剩了。但最后老人把100根香蕉背到家时，还有25根。

★ 数字谜题 ★

老人是怎么做到的？

●● 疑难解答 ●●

　　老人先把50根香蕉背到25米处，猴子已经偷吃了25根，筐里还有25根。接着老人把香蕉放在地上，牵着猴子去背剩下的50根。到25米处的时候，筐里又剩25根了。老人把地上的25根香蕉放入筐中，此时筐中共有50根香蕉，背着往家走。路上，猴子又偷吃了25根，所以到家时正好还剩25根。

2 梨的重量

保罗的妈妈出去买菜或买水果的时候总是带着一把弹簧秤。这天，妈妈出去买水果，买回了三颗大梨。保罗一看是自己最喜欢吃的梨，二话不说就去拿。妈妈一把将保罗的手打开，似乎还很生气："你就知道吃！今天买梨，我差点和卖梨的吵起来。他说我的秤不准。"

爸爸听了，说："市场里不是有公平秤吗？"

"我知道啊。后来我去公平秤称了，才知道确实是我的弹簧秤有问题了。称一斤以下的东西，我的秤是不准的。只有称一斤及以上的东西才是准的。"

"那你也不该对孩子发火啊。买回来就是吃的。再说，这三颗大梨肯定不止两斤了，所以你也没吃亏啊。"爸爸说。

保罗又想去拿梨。

"等会儿！"妈妈叫住他，"那我也得考考你。这三颗梨每颗都不到一斤，你就用我的这把弹簧秤称出它们具体的重量吧。称出来了，你就可以吃梨；称不出来，你今天就别吃了。"

保罗想了想，还是称出了梨的重量，吃到了梨。

★ 数字谜题 ★

你知道保罗是怎么称的吗?

•● 疑难解答 ●•

他先称出三颗梨的总重,然后称两颗梨的重量,就可得出其中一颗梨的重量。再分别用这颗知道重量的梨和其他两颗梨称,就可算出另外两颗梨的重量了。

3 妻子的帽子

史密斯夫妇一起去海边度假。这天,他们租了一只小游艇去一个海岛。此时是逆流而行。游艇行驶了10海里的时候,史密斯夫人的帽子掉到了海里。直到半小时后,史密斯夫人才发觉,于是要求丈夫立即返航找帽子。又过了半个小时,他们终于在出发的码头看到了刚漂回来的帽子。

★ 数字谜题 ★

水流的速度是多少?

•● 疑难解答 ●•

10海里/小时。帽子在10海里处往回漂,刚好用了一个小时。

4 聪明的老牛

山姆大叔家的一头老牛不见了。山姆大叔找了半天,终于看见它在一座铁路桥上站着。铁路桥很窄,只能容一辆火车通过。如果此时有火车通过,那头老牛就危险啦。

"千万别有火车来啊。"山姆大叔正这么想着,偏偏害怕什么来什么,一辆火车正呼啸而来。"快回来,快回来!"山姆大叔拼命地叫着。可老牛非但没有往回跑,反而拼命向火车奔去。结果老牛躲过一劫,在火车上桥前,它已跑过了桥。山姆大叔终于松了口气。但是他不明白为什么牛反而要向火车跑去。

事实上,老牛的做法是对的。当时它正站在桥的中间,火车距离大桥还有2个桥长的距离并以每小时120千米的速度驶来。牛迎着火车奔跑,当它跑出大桥时,火车距离大桥还有4米。可如果牛向山姆大叔的方向跑,那么牛屁股距桥头还有1米时火车就会撞上它。

★数字谜题★

当时牛奔跑的速度是多少?

●● 疑难解答 ●●

牛与火车相对而行,火车行的距离为2个桥长减去4米,牛奔跑的距离为0.5个桥长。如果牛和火车同向而行，火车行的距离为3个桥长减去1米，牛奔跑的距离为0.5个桥长减去1米。把火车行驶的距离和牛奔跑的距离分别相加，火车行了5个桥长减去5米，牛跑了1个桥长减去1米，它们用的时间是相等的，所以火车的速度是牛的5倍，可知当时牛的速度是24千米/小时。

5 测篮球场

汤姆老师把全班同学分成8个组，让他们分别测量篮球场的尺寸。贝克在一队中负责记录数据，并计算出了篮球场的面积和周长。等测量完，回到班级，各队报数据时，贝克突然傻眼了：由于他没有标记，只有数据，他一时竟搞不清哪个对应哪个了。贝克的数据有13、28、13、15、3、86、420。这些数据包括篮圈的高度、篮球场的长、宽、周长、面积等。

★ 数字谜题 ★

篮球场的长和宽分别是多少？

● 疑难解答 ●

长28米，宽15米。

第二章 哈佛学生喜欢的奇妙数字计算

6 爬楼梯

数学课代表怀特收好全班的作业本，去送给数学老师批改。

老师的办公室在另一栋楼的八层。怀特走到一楼的电梯旁，刚想按按钮，发现一张通告：电梯正在检修，请步行上楼。于是，怀特只得走楼梯。他从一楼走到四楼用了48秒。

★ 数字谜题 ★

怀特用同样的速度走到八楼，还需要多少时间？

•• 疑难解答 ••

64秒。从一楼到四楼只走了3层楼梯，他用了48秒，所以走一层的时间是48÷3=16（秒）。从四楼到八楼，相隔四层，所以用的时间应为16×4=64（秒）。

7 骑车爱好者

丽莎的舅舅是个骑自行车爱好者。这天，他要骑车去省城办事。他先骑了9个小时,正好碰到村里去省城的班车,于是就改坐班车,这样坐了12个小时到达省城。等他办好事,他又骑车回家。他骑了21个小时。这时恰好又遇到那辆班车回村,于是又坐上班车。这样过了8小时也刚好到家。

★ 数字谜题 ★

如果他坐车从家到省城需要多少小时?

••● 疑难解答 ●••

9个小时自行车路程+12个小时车程=全程①

21个小时自行车路程+8个小时车程=全程②

①-②,整理得12个小时自行车路程=4个小时车程,即3个小时自行车路程=1个小时车程,那么9个小时自行车路程=3个小时车程,代入①式可知,坐车需要15个小时。

8 雷娅大婶卖萝卜

雷娅大婶拉了一筐萝卜去集市上卖。萝卜和筐总重66千克。上午,雷娅大婶卖出一半萝卜。下午,她又卖了剩下萝卜的一半。临回家时,她称了一下萝卜和筐共重18千克。

★ 数字谜题 ★

筐重多少千克？

●·● 疑难解答 ●·●

这一天，雷娅大婶卖出的萝卜总重量是66-18=48（千克），这些萝卜相当于萝卜总量的1/2+1/4=3/4，所以萝卜总重是48÷3/4=64（千克），可得筐的重量是2千克。

9 猜门牌号码

玛丽的班上新来了一位叫莎拉的同学，并且成了玛丽的同桌。没多久，两个人就成了好朋友。

这天，两人商量好星期天莎拉去玛丽家玩。莎拉就问玛丽家的门牌号。玛丽让莎拉猜。

莎拉问："你们家那条路上有多少户啊？"

玛丽答："不到1000户。"

莎拉问："你家门牌号码是偶数吗？"

玛丽答："不是。"

莎拉问："门牌号码是完全平方数吗？"

玛丽答："是。"

莎拉问："是完全立方数吗？"

玛丽答："是。"

哈佛学生最喜欢的数字游戏

莎拉问:"是个三位数吗?"

玛丽答:"是。"

莎拉最后问:"个位数大于5吗?"

玛丽答:"是。"

★ 数字谜题 ★

玛丽家的门牌号码是多少?

●●疑难解答●●

因为个位数大于5且为奇数,所以个位数只能是7和9。又因门牌号是完全平方数,故个位数只能是9。只有个位数为7或者3的数的平方才能是9。故,假设n的平方为门牌号,则n的个位数为3或7。因为门牌号小于1000,所以n的十位数只能是1、2,即n为13、23、17、27,则门牌号可能为169,529,289,729。满足立方数的只有729。

10 考了零分

西蒙参加了一次趣味数学比赛。试卷共26道题,做对一题得8分,做错一题扣5分,不做不得分也不扣分。26道题,西蒙都做了。结果考了0分。妈妈一看到分数就火了:"你怎么一道题都没做对?"

"我有做对的呀!"

★ 数字谜题 ★

你知道西蒙做对了几道题吗?

●● 疑难解答 ●●

如果西蒙全做对,得26×8=208(分),但最后是0分,说明丢了208分。而每做错一道题不但不得8分,还扣5分,相当于错一道题丢13分,共丢208分,208÷13=16,也就是西蒙共做错了16道题。所以,他一共做对了10道题。

11 爷爷分鱼

大卫爷爷是个钓鱼爱好者。这天,他又出去钓了很多鱼回来。到家后,他数一数,称一称,有2条一斤重的,有3条两斤重的,有4条三斤重的,有5条四斤重的,还有1条五斤重的。

恰好,今天他的三个孙子也都来了,知道爷爷又钓了很多鱼,很高兴,居然还让爷爷给他们分鱼。

最小的孙子说:"爷爷,我们的鱼要一样多。"

另一个孙子说:"不,爷爷,我们分得的鱼的重量要相等。"

大孙子说:"爷爷,我们的鱼不但数量要一样多,而且总重也得相等。"

这一下可真把大卫爷爷难住了。但他想了想，最后还是按照孙子们的要求把鱼分成了三等份。

★ 数字谜题 ★

大卫爷爷是怎么分的？

●● 疑难解答 ●●

2条一斤的，2条四斤的，1条五斤的；2条两斤的，1条三斤的，2条四斤的；1条两斤的，3条三斤的，1条四斤的。每份鱼都是5条15斤。

12 巧摆正方形

贝克家买了一套新房，正在装修。这天，爸爸带着贝克去看房子装修得怎么样了。这时，有几个工人正在往卫生间墙上贴瓷砖。爸爸问道："这种瓷砖的规格是多少啊？"

"长12厘米，宽10厘米，厚0.5厘米。"一个工人答道。

"哦。"爸爸又对贝克说："你能用这些瓷砖摆个正方形吗？"

"当然可以。"贝克自信地答道。结果他用30块瓷砖摆了个正方形。

"我可以用更少的瓷砖。"其中一个工人看了贝克摆的正方形后笑着说。

★ 数字谜题 ★

工人是怎么摆的，用了多少块瓷砖？

●● 疑难解答 ●●

把20块瓷砖上下叠在一起，可以拼出一个边长为10厘米的正方形。

13 烤面包

约翰家里有一个老式的烤面包机，但一次只能放两片面包。如果想两面都烤，只能烤好一面再翻过来烤。每烤一面正好需要1分钟。

一天早晨，约翰的夫人要烤3片面包，两面都烤。约翰看了夫人的操作后，笑了。她花了4分钟时间。

"亲爱的，你可以用少一点时间烤完这3片面包，"约翰说，"这样我们也可以节约一些电费。"

★ 数字谜题 ★

约翰说的可行吗？如果可以，你知道他是怎么做到的吗？

●● 疑难解答 ●●

用3分钟就可烤完。把三块面包的正反面分别标记为A正、A反、B正、B反、C正、C反，先烤A正和B正，接着烤A反和C正，最后烤B反和C反。

14 特殊的零花钱

丽莎在圣诞节的时候收到了一份特殊的零花钱,是姑妈给的崭新的连号一美元纸币。她先是用这些钱的一半买了一顶心爱的帽子,在坐地铁的时候给了乞丐一美元;然后用剩下钱的一半买了一本作文书,还买了一支2美元的水笔;最后她用余钱的一半买了一块手帕,还吃了一个3美元的冰激凌。这时,她手里只剩下一美元了。

★数字谜题★

丽莎的这份压岁钱里共有多少张一美元?

·•疑难解答•·

42张。一张就是一美元,可以从后向前推算。

15 巧带钢管

铁路系统规定:旅客不可以携带长、宽、高超过1米的物品上车。这天,皮特和妈妈去姥姥家,要给姥姥带一根钢管做晾衣架。

妈妈让皮特找一根1米长的钢管。皮特想了想，对妈妈说："妈妈，我们可以带一根1.7米长的钢管。"

妈妈诧异地看着皮特，说："铁路上有规定，只能带不超过1米的物品呀。"

皮特却自信地说："我们合理合法，不违反规定哦。"

★ 数字谜题 ★

皮特是怎么做到的？

●● 疑难解答 ●●

皮特做了一个长、宽、高都是1米的纸箱子，纸箱子斜对角的长度约为1.732米，刚好可以把钢管放进去。

16 还有10美元哪儿去了

暑假里，汤姆和两个同学一起去旅游。晚上，他们去投宿，一连找了几个旅店都没有空房间。最后，他们终于找到一家旅店有空房，但只有一间，而且要300美元。三个人每人掏了100美元凑了300美元交给了服务员。后来经理说今天优惠只要250美元就够了，要求服务员退给他们50美元。服务员却私藏了20美元，然后把剩下的30美元分给了汤姆他们三人，每人分到10美元。这样，一开始每人掏了100美元，现在又退回10美元，也就是90美元，三人总共付了270美元，加上服务员私藏的20美元，总共是290美元。

★数字谜题★

还有10美元哪儿去了呢？

●●●疑难解答●●●

这道题很有迷惑性。其实他们共付的270美元里就包括服务员私藏的20美元，所以应该加上30美元，而不是20美元。

17 谁与老师面对面

又到体育课了。三（2）班的40名同学疯狂地向操场跑去。大家按平时的队形站好，等待肖恩老师的到来。

肖恩老师来了。同学们发现肖恩老师除了拿来平时大家爱玩的球外，好像还有一些什么东西。肖恩老师一声哨响，同学们站得更精神了。

"同学们，今天我要给一些同学发小礼品。可是谁会得到呢？"

"我。"

"我。"

"应该给上课认真的同学发。"

同学们议论纷纷。

肖恩老师笑了笑，说："我们玩个小游戏。你们按我说的去做,最后谁面向我,我就发给谁小礼品,好不好?"

同学们都高兴地同意了。

"你们现在站成一排,都背向老师。然后你们从一开始报数。请报到4和4的倍数的同学向后转,同时请报到6和6的倍数的同学也向后转。这时,谁面向我,我就把小礼品给谁。"

同学们按老师的话去做了。

★ 数字谜题 ★

最后有多少同学能得到肖恩老师的小礼品?

● 疑难解答 ●

10人。注意:4的倍数中有6的倍数哦。

18 迈克数鸟

迈克家门前有三棵大梧桐树。每天都有很多鸟在上面嬉闹。

这天,飞来了一群麻雀。迈克数了数,还真不少,三棵树上一共停了36只。忽然,有6只从第一棵树上飞到了第二棵树上,然后又有4只从第二棵树上飞到了第三棵树上。此时,迈克惊奇地发现三棵梧桐树上的麻雀正好相等。

哈佛学生最喜欢的数字游戏

★ 数字谜题 ★

刚开始的时候三棵树上各有多少只麻雀?

•● 疑难解答 ●•

设三棵树上分别有 a、b、c 只鸟。$a+b+c=36$,$a-6=b+6-4=c+4$,得出 a、b、c 分别为18只、10只和8只。

19 飞镖比赛

爸爸给罗特买了一个飞镖玩具套装。这天,罗特和爸爸比赛投飞镖,谁输了,谁洗碗。他们各有三支镖。结果,罗特以13环之差输给了爸爸。爸爸有一镖竟然中了10环,而罗特有一镖只中了1环。罗特甘拜下风,不得不去洗碗了。

镖靶由10个黑白相间的同心圆组成,且相邻同心圆半径的差都等于中心最小圆的半径。

★ 数字谜题 ★

1环的面积是10环面积的多少倍?

•● 疑难解答 ●•

假设10环半径为 r,则十环面积为 πr^2。

1环面积为 $\pi(10r)^2 - \pi(9r)^2 = 19\pi r^2$

所以,1环的面积是10环面积的19倍。

第二章
哈佛学生喜欢的奇妙数字计算

20 小剧场的观众

奥里弗小学有一个小剧场,共120个座位。每周六都会放一场电影。票价是这样的:男教师5美元,女教师2美元,学生1美元。

这个星期六,剧场要放一个新大片。周三的时候,门票就已经卖完了。卖门票的丽莎大妈数了数门票钱,恰好120美元。

★数字谜题★

看电影的男教师、女教师、学生各多少人?

●疑难解答●

男教师17人,女教师13人,学生9人。

21 找错账

安娜是沃尔玛超市的收银员。

有一天,她在下班前查账的时候发现实收的现金比账面少了153美元。实际收的钱数肯定是不会有错的,那么很可能是记账时有一个数字点错了小数点。

★ 数字谜题 ★

她如何快速地在几百笔账中找到这个错数呢?

• 疑难解答 •

如果是小数点的错,账上多出的钱数应该是实收钱数的9倍。所以153÷9=17,那么错账应该是17的10倍。找到170美元改成17美元就行了。

22 救命的救生艇

一艘载着25人的小游船从千岛湖畔以30千米/小时的速度向湖中的鸟岛驶去。

行驶了大约10分钟后,小游船被另一艘游船撞上。游船受损严重,船长告诉大家估计20分钟后船就会沉没,让大家赶紧穿好救生衣,上救生艇。可船上只有一艘救生艇,而且每次最多乘坐5人。救生艇从事发地到达湖岸需要4分钟。

★ 数字谜题 ★

在船沉没前,最多有多少人能坐上救生艇上岸?

• 疑难解答 •

第一次载5人,实载4人,一人回船再载4人,再回去。这时用时16分,还有4分钟,可以载4人,所以4+4+4=12+最后开船的1人,就是13人。

第二章
哈佛学生喜欢的奇妙数字计算

23 奇怪的队形

班主任瑞娜老师带着全班24个同学去春游。他们爬上一座海拔500米的大山，感觉筋疲力尽了。休息了好一会儿，瑞娜老师召集大家过来做游戏。她看到大家胡乱地站在自己面前，于是对班长凯斯说："你给大家排个队，每排5人，共排6排。"

凯斯排了好大会儿，也没排好，似乎越排越乱了。

★数字谜题★
为了能让同学们赶快开始做游戏，你能帮班长想想办法吗？

●疑难解答●
排成一个六边形就可以了，每边站5个人。

24 蝴蝶和蝉

西蒙老师带着他的生物兴趣小组去户外捕捉昆虫回来做标本。同学们总共捕捉到了20只蝴蝶和蝉。回来后，他们又数了一下它们的翅膀，共有35对。

哈佛学生最喜欢的数字游戏

★ 数字谜题 ★

蝴蝶和蝉各多少只？

•● 疑难解答 ●•

假设捕到的都是蝉，那么应该是20对翅膀，比实际的少了15对，所以这15对翅膀应该是蝴蝶的，得出蝴蝶15只，蝉5只。

25 两座海岛

暑假里，费恩和爸爸去度假。他们先是来到一座非常美丽的小岛住下。第二天，他们准备前往相距360千米的另外一座海岛上。

他们选择了乘游轮，去时是逆水。来回共用了35个小时，且去时比回来时多花了5个小时。其实，两岛之间还有一种交通工具，就是时速63千米的快艇。

★ 数字谜题 ★

如果他们改乘快艇，往返两岛的时间是多少？

•● 疑难解答 ●•

乘游轮去的时间是20小时，回来的时间是15小时，算出游轮的逆水速度为360÷20=18（千米/小时），顺水速度为360÷15=24（千米/小时），则水流速度为（24-18）÷2=3（千米/小时），则快艇往返时间为360÷（63-3）+360÷（63+3）≈11.5（小时）。

26 书架里的书

卡拉的爷爷有一个三层书架，里面摆放着很多书，共有192本。

这天，卡拉从上层取出与中层同样多的书放到中层，又从中层取出与下层同样多的书放到下层，最后又从下层取出与上层同样多的书放到了上层。此时，三层里的书正好相等。

★ 数字谜题 ★

卡拉爷爷的书架原来各层各摆放着多少本书？

•• 疑难解答 ••

假设三层分别放书a、b、c本，$a+b+c=192$，通过几个放书的步骤后，三层书分别为$2(a-b)=2b-c=2c-(a-b)$，得出a、b、c分别为88、56、48，即上层88本，中层56本，下层48本。

27 挖水渠

村里请来一个工程队挖水渠，计划30天完成。

工程队先调来了18台机器,干了12天,正好完成工程的一半。为了能更早地让水渠派上用场,村里要求工程队提前9天完成。

★ 数字谜题 ★

工程队还得调来多少台机器?

●● 疑难解答 ●●

假设1台机器1天的工作量为1个单位,则12天的工作量为18×12=216,恰好等于剩下的工作量。如果要提前9天完成,则还剩下30-12-9=9(天),故需216÷9=24(台),因此还需要增加6台机器。

28 卖鸡蛋

苏菲的妈妈和贝拉的妈妈带着各自家的鸡下的蛋去集市上卖。苏菲妈妈的鸡蛋少,贝拉妈妈的鸡蛋多,两人的鸡蛋加起来正好100个。

她们分别在集市的两头卖。贝拉的妈妈想卖得快点,于是鸡蛋的价格要低些。等两人都卖完,发现卖得的钱竟一样多。

苏菲的妈妈对贝拉的妈妈说:"如果我有你那些鸡蛋,我可以赚36元。"

贝拉的妈妈说:"如果我只有你那些鸡蛋,我只能赚16元了。"

第二章 哈佛学生喜欢的奇妙数字计算

★ 数字谜题 ★

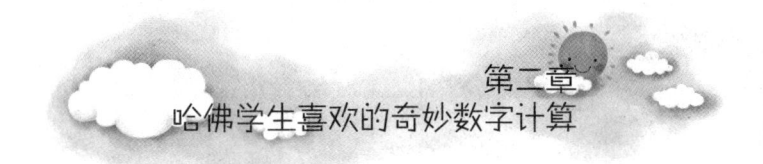

你知道她们两人各带了多少鸡蛋吗?

•● 疑难解答 ●•

苏菲的妈妈带了40个鸡蛋,贝拉的妈妈带了60个鸡蛋。

29 数学竞赛

大卫的数学非常棒,一次被学校选拔去参加市里的数学竞赛。

这次的数学竞赛一共是20道题。做对一题得5分,但做错一题要扣3分。考完后,大卫有些垂头丧气。等成绩公布后,数学老师发现他竟没考及格。

老师把他叫到办公室。他以为老师会批评他,可是老师却对他说:"这次没考好也不能全怪你。试题我看了,确实很难。如果你能再细心一点,及格是没问题的。"

大卫眼睛一亮,诧异地看着老师。

"只要你少错一道题,就正好及格了。"

大卫重新看了一下他的试卷,果然有道题是可以做对的。如果这道题做对,就正好60分了。

★ 数字谜题 ★

你知道大卫做对了多少题吗?

•疑难解答•

少错一道题,也就是再加5+3=8分,才能及格,所以大卫得了52分。设大卫做对了道题,那么他做错的题数是20-x,且有5x-3×(20-x)=52,解方程得x=14,所以大卫做对了14道题。

30 买报的人数

报亭的苏珊大妈这一天共卖了70份《时代周刊》、60份《纽约时报》、50份《新视角》。其中,有14人买了《时代周刊》和《纽约时报》,12人买了《纽约时报》和《新视角》,13人买了《时代周刊》和《新视角》,有3位老顾客三份报纸都买了,其余的只买了一份。

★数字谜题★

这一天有多少人来买这三种报纸?

•疑难解答•

135人。可以先推算出只买一份报纸的人数,一共是93人;再加上买了两份以上的人数14+12+13+3=42人,所以总共是93+42=135(人)。

31 全班人数

杰克老师所带的四（1）班在一次统考中，全班的数学平均分获得了全区第二名，只比第一名的97.5分少了0.5分。在这次考试中，鲍勃考得最差，只考了62分。杰克老师算了一下：如果不算鲍勃，全班的平均分是98分，那么就能得第一名了。

★数字谜题★

四（1）班共有多少名同学？

●疑难解答●

这次考试，四（1）班的实际平均分是97分，鲍勃距平均分还差35分。不算鲍勃，平均分是98分，相当于35名同学每人给鲍勃一分，所以全班共36名同学。

32 打乒乓球

海利、伊索和尼奇三人都非常爱打乒乓球。这天，他们三人又一起去打球。

哈佛学生最喜欢的数字游戏

他们实行轮换制，即：先两人打，一人当裁判；谁输了，下台轮为裁判，换原来的裁判上。如此往复。

他们打了一下午，海利打了15局，伊索打了21局，尼奇当了5局裁判。

★ 数字谜题 ★

第三局当裁判的是谁？

●● 疑难解答 ●●

海利。尼奇当了5局裁判，说明海利和伊索共打了5局；海利一共打了15局，则海利和尼奇共打了10局；伊索一共打了21局，则伊索和尼奇共打了21-5=16（局）；所以他们一共打了5+10+6=31（局）。此时还无法知道第三局的裁判。但是，由于每局都有胜负，任意连续两局之间不可能是同样的对手搭配，而必然被别的对阵隔开。而总共31局比赛中，伊索和尼奇就打了16局，剩下的海利和伊索、海利和尼奇共打了15局，所以一定是开始和结尾的两局都是伊索和尼奇，中间被海利对伊索、海利对尼奇隔开。因此可以知道第奇数局的比赛是在伊索和尼奇之间进行的。那么，第三局的裁判自然就是海利了。

33 圈 羊

塔娜家养了很多羊。以前，她们家的羊都在草原上放养。但是现在，为了保护生态环境，政府要求必须圈养。政府给每户免费发放了100米长的围栏。

塔娜的爸爸准备做一个30米长、20米宽的长方形羊圈，这样既充分利用了围栏，而且面积也可以达到600平方米。

塔娜却说还能围出更大的面积。

★数字谜题★

你知道怎么围吗？

●疑难解答●

围成一个边长为25米的正方形，面积会达到625平方米。如果能围成一个圆形，那面积会更大。

34 80分以上

菲力小学六（1）班在小升初考试前进行了四次模拟考试。就语文而言，第一次考80分以上的同学占了70%，第二次考80分以上的同学占了75%，第三次考80分以上的同学占了85%，第四次考80分以上的同学占到了90%。

★数字谜题★

在四次考试中都得了80分以上的学生的比例至少是多少？

疑难解答

20%。假设全班共100名学生，其中有30、25、15、10名学生分别在四次考试中没有考到80分，那么四次考试中都上了80分的学生至少有：100-30-25-15-10=20（人），则四次考试都上了80分的学生至少占总学生数的20%。

35 新电价

雷娅家所在的城市经常会出现用电紧张的现象。电力公司为了缓解供电压力，根据他们的经验，制定了一个差价电费政策。在用电高峰期，即每天早上8点到晚上10点，按每度电0.6美元计价；在用电低谷期，即晚上10点到第二天8点，按每度电0.2美元计价。如果愿意按新电价计费，需要交纳100美元的电表改装费。当然也可以不改装，那就还按以前每度电0.5美元计价。

雷娅家每月平均用电200度，在两个时段里各用100度。雷娅的爸爸算了一下，觉得还是换上新电表比较划算，于是选择了新电价制度。

★ 数字谜题 ★

雷娅家换了新电表后，一年可以节省多少电费？

•● 疑难解答 ●•

0.5×200×12−（0.2×100+0.6×100）×12−100=140（美元）。

36 与外婆家的距离

住在城里汽车站旁的肖恩准备星期六骑车去看乡下的外婆。

那天，他每小时骑20千米。而汽车站里每隔30分钟有一辆班车开出，途经肖恩的外婆家。班车的速度是60千米/小时。当肖恩骑了30分钟的时候，正好有一趟班车从他身旁经过。路上，又一辆班车超过了他。当肖恩到达外婆家时，第三辆班车也恰好到达。

★ 数字谜题 ★

肖恩的家距外婆家有多远？

•● 疑难解答 ●•

班车速度是肖恩速度的3倍，肖恩骑了30分钟时与班车相遇，所以在肖恩出发时第一辆班车已出发了10分钟。再过50分钟，第三辆班车出发，此时肖恩已走了80分钟。由于班车速度是肖恩速度的3倍，第三辆班车走完全程的时间内肖恩走了全程的1/3，那么肖恩80分钟走了全程的2/3，因此肖恩家与外婆家的距离为20×80/60÷2/3=40（千米）。

哈佛学生最喜欢的数字游戏

37 舞台的灯

儿童剧场里有一个大舞台。舞台的上方、地下和四周共有2006盏各式各样的霓虹灯。这些霓虹灯都被编了号，由一台电脑控制开关。

儿童节快到了，剧场里正在加紧排练一台新的儿童剧。一开始，灯都是亮着的。不一会儿，编号为2的倍数的灯都灭了。之后，编号为3的倍数的灯也都灭了。最后，编号为5的倍数的灯也都灭了。

★ 数字谜题 ★

此时还有多少盏灯亮着？

●● 疑难解答 ●●

简单一点说就是每30个数中有8个数不是2、3、5的倍数，所以算一下一共有多少组30，再乘以8，就可以得出答案。因为2006不是30的整数倍，我们借4个数凑成整数倍，其中添加上的4个数，有一个是不能被灭灯的，把它减掉，于是得出结果：

（2006+4）÷30×8－1=535（盏）。

38 喂 猴

动物园的饲养员丽莎阿姨每天都要给猴子喂食物。今天,她拿来了猴子们最喜欢吃的香蕉。动物园里有三群猴子。如果丽莎阿姨把这些香蕉平均分给第一群猴子,每只猴子可得12根;如果平均分给第二群猴子,每只猴子可得到20根;如果平均分给第三群猴子,每只猴子可得到15根。

★ 数字谜题 ★

丽莎阿姨要把香蕉平均分配给所有的猴子,每只猴子可以吃到多少根?

●● 疑难解答 ●●

假设三群猴子分别为 a、b、c 只,由题可得,香蕉总数为 $12a$,$12a/b=20$,$12a/c=15$。所以如果把香蕉平均分给所有猴子,每只得到的香蕉数为 $12a/(a+b+c)=5$(根)。

第三章

哈佛学生爱做的数字脑筋急转弯

哈佛学生最喜欢的数字游戏

1 打碎的鸡蛋

一位老太太挎了一篮鸡蛋到市场去卖,路上被一位骑车的人撞倒,鸡蛋全部打破。骑车人扶起老太太,说:"你带了多少鸡蛋?我赔你。"老太太说:"总数我也不知道。当初我们从鸡窝里捡鸡蛋时是五个五个捡的,最后又多捡了一个;昨天我老头子查了一遍,他是四个四个数的,最后也是多一个;今早我又数了一遍,是三个三个数的,也是多一个。"骑车人在心里算了一下,按市场价赔了鸡蛋钱。

★数字谜题★

老太太一共带了多少鸡蛋?

••● 疑难解答 ●••

许多人对此类问题感到无从下手。把这个问题转化成数学题就是:有一个数,用3、4、5分别去除,结果都余1,求这个数。看起来好像很难,如果换个说法,就容易理解了:有一个数,减去1,就能同时被3、4、5整除。显然,任何3、4、5的公倍数加1都是这个问题的解,最小的解是61,往下是121、181……问题中挎篮的是一位老太太,因此鸡蛋不可能很多,故可认为是61个。

2 数字赛跑

虽然0在九个数字中最小,但他跑步可不慢。这天,0向6发起了挑战:"小6,你敢和我比赛跑步吗?"

6说:"怎么不敢,你会输得很惨的!"

0轻蔑地瞧了6一眼,说:"就你?那好,明天下午,我们就在这儿比赛。"

6回到家中,告诉哥哥9今天0向他挑战的事。9听了大惊失色:"啊,0可是我们这里的速度之王啊!"

6不慌不忙地说:"明天啊,我们就这样做……"

第二天,6和0的比赛开始了。只见0像离弦的箭一般冲出起跑线。可当他高兴地冲向终点时,竟发现"6"已经在那儿了。

"耶,我赢了。""6"大喊。

0傻了,他不相信6能赢。

★ **数字谜题** ★

你知道6让9怎么做吗?

•• **疑难解答** ••

6让哥哥9倒立在终点,这样子就是另外一个"6"了。

3 三张门票

玛丽对安娜说："有两位母亲带着她们各自的女儿去公园，可是只买了三张门票。"

★ 数字谜题 ★

你知道为什么吗？

•• 疑难解答 ••

女儿和她的妈妈及姥姥一起去的。

4 谁大？谁小？

一天，0、1、2、3、4、5、6、7、8、9这几个数字要比一比谁最大，谁最小？

9跳出来得意地说："当然是我最大！"还指着0说："尤其是你，没头没脑，表示一个也没有，你最小！"

0的脸涨得通红，伤心地哭了起来。

这时，1把0拉过来说："别难过，我们俩合在一起比他大。"

第三章 哈佛学生爱做的数字脑筋急转弯

9看到了,不好意思地低下了头。

★ 数字谜题 ★

为什么?

●•● 疑难解答 ●•●

1和0组合在一起就成了10,当然比9大喽。

5 两车过桥

两辆自重2吨的卡车载着8吨重的货物一前一后行驶着。前方要过一座长10米的桥。第一辆车刚到桥头就坏了,开不了了。此桥的最大载重量是10吨。

★ 数字谜题 ★

怎么办才能让两辆车快速安全地通过桥呢?

●•● 疑难解答 ●•●

用一根10多米长的绳索,让后面那辆卡车拉着坏卡车过桥就可以了。

哈佛学生最喜欢的数字游戏

6 吃苹果

罗丝最爱吃苹果,但特别怕吃到生了虫的苹果。

★ **数字谜题** ★

你觉得罗丝吃苹果时最怕看到几条虫?

•● **疑难解答** ●•

半条。

7 女儿多大

两位母亲各自带着自己的女儿在小区的广场上玩。其中一位母亲问另一位母亲:"你家的女儿多大了?"

"哦,她上次过生日时是7岁,下次她再过生日就9岁啦。"

★ **数字谜题** ★

这位母亲的女儿多大呢?

•● **疑难解答** ●•

今天正好是她女儿的8岁生日。

8 剩下的桌角

鲍勃家有一张长方形的玻璃茶几。

这天,他和几个小朋友在家玩,不小心打掉了一个角。但是破碎处很齐整,就像是被玻璃刀裁的一样。

★ 数字谜题 ★

鲍勃家的茶几还有几个角?

•●疑难解答●•

5个。

9 树上的麻雀

保罗家院子里的一棵冬青树上停着7只麻雀。保罗用弹弓打中了一只。

★ 数字谜题 ★

冬青树上还有几只麻雀?

•● 疑难解答 ●•

没有了,都吓得飞走了。

10 8的一半

一天,老师对同学们说:"8的一半不一定都是4。"

★ 数字谜题 ★

除了4,8的一半还会是多少呢?

•● 疑难解答 ●•

0和3。

11 狗吃骨头

贝克去表哥家做客。表哥家的院子里拴着一只大狗叫苹果。贝克已经和苹果很熟了。中午吃饭的时候,贝克扔了一块骨头想给苹果吃，可他扔得不够远，苹果怎么够也够不着离自己只有10厘米远的骨头。

★数字谜题★

如果没人帮助苹果，苹果用什么方法可以吃到那块骨头呢？

●疑难解答●

只要苹果倒过身子就很容易用后腿够着骨头了。

12 找　钱

拉拉想买件新衣服。妈妈给了她100美元。拉拉买了一件70美元的衣服，结果老板找了她10美元。

★数字谜题★

为什么？

●疑难解答●

妈妈给拉拉的钱并不是整张一百的，拉拉当时只给了老板80美元。

13 第一位的年龄

这一天,爸爸、妈妈带你去公园玩。你想乘坐摩天轮。可是公园有新规定:成人不能乘坐。爸爸给你买了一张票。你拿着票排队,正好排在第一位。当排满10人的时候,工作人员便打开门,同时要求排队的人报自己的年龄。从第二位到第十位的年龄分别是8岁、9岁、10岁、11岁、12岁、13岁、14岁、15岁、16岁。

★ 数字谜题 ★

第一位是多少岁?

••● 疑难解答 ●••

你多少岁就是多少岁。

14 节能灯

为了降低能耗,某公司把所有的灯都换成了节能灯。公司的一个办公室里现在共装有6盏节能灯并且全亮着。中午吃饭的时候,盖尔关掉了4盏节能灯。

★ 数字谜题 ★

办公室里还有几盏节能灯。

•●疑难解答●•

6盏。

15 煮 蛋

鲍威很喜欢吃茶叶蛋。奶奶经常给他煮。煮一个茶叶蛋要20分钟。

★ 数字谜题 ★

奶奶给鲍威一下煮4个茶叶蛋要多少分钟?

•●疑难解答●•

20分钟。

16 上学与放学

大卫每天上学从家到学校要一个小时,每天放学从学校到家却要两个半小时。

★ 数字谜题 ★

为什么?

●● 疑难解答 ●●

两个半小时加起来就等于一个小时啊。

17 火车在哪儿

一列火车,从A地开到B地需要10个小时。

★ 数字谜题 ★

从A地出发,1个小时后,火车在哪?

●● 疑难解答 ●●

铁轨上。

第三章 哈佛学生爱做的数字脑筋急转弯

18 泰坦尼克号

凭借聪明和运气,杰克在码头赢得了船票,登上了泰坦尼克号。

泰坦尼克号是当时世界上最豪华的游轮。它的船舷上挂有几个救生艇。救生艇离海面的距离有5米。游轮从英国港口驶离不久,海水便开始涨潮。

★数字谜题★

如果海水每小时上涨1米,多长时间会到达救生艇的位置呢?

••●疑难解答●••

在它沉没前是不会的,因为水涨船高。

19 夏洛特渡河

夏洛特带着一条狗、一只鸡和一桶米渡河。他有一条很小的船,但每次最多带一样东西过河。同时,如果他不在,鸡会吃米,狗也会吃鸡。

★ 数字谜题 ★

他怎样才可以安全地将三样东西带过河呢？

••● 疑难解答 ●••

第一步，把鸡带过河；第二步，把米带过河，同时把鸡带回来；第三步，把狗带过河；第四步，把鸡带过河。

20 还不知道

有几个登山爱好者一起去爬一座高山。他们为了随时保持联系，携带了一套呼叫系统，彼此之间可以随时通话。

在快到达山顶的时候，一个队员一不小心跌入身边的悬崖中，并以每秒9.8米的速度下落。其他队员赶紧呼叫："你怎么样？"

"我还不知道。"

★ 数字谜题 ★

为什么？

••● 疑难解答 ●••

那时他还没到崖底，还在下落中。

第三章 哈佛学生爱做的数字脑筋急转弯

21 奇怪的数

有一个数,如果去掉左边第一个数变成17,如果去掉右边第一个数变成20。

★数字谜题★

这个数是多少?

••●疑难解答●••

27。

22 磁 极

约翰有一块条形磁铁。磁铁都有两个磁极,南极和北极。这天,约翰不小心把磁铁摔成了两段。

★数字谜题★

其中的一段有几个磁极?

••●疑难解答●••

两个。

23 出 差

海利正在过他的暑假。这天,他突然接到爸爸的电话,说公司临时让他出差,一会儿回来拿点东西就走。

爸爸告诉海利,在他房间的书桌上有一个信封,里面装着钱,并叫海利去超市给他买几样日用品。

海利找到了那个信封,看到上面还写着"98"。海利想着那大概是信封里的钱数了。他没多想,就去附近的一家超市买了爸爸要的东西。

在付钱时,收银小姐告诉他总共90元。海利把信封里的钱都给了收银小姐,结果收银小姐说还差4元。

★ 数字谜题 ★

你知道是怎么回事吗?

●● 疑难解答 ●●

海利一着急,把信封上的数字看反了,其实爸爸写的是"86"。

24 数学水平

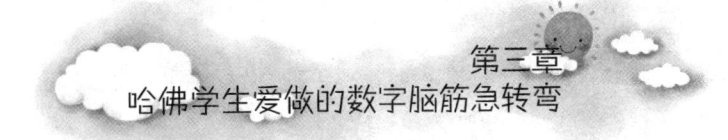

有一个孩子的数学很差,但他的数学老师总说他的数学水平是数一数二的。

★ 数字谜题 ★

为什么?

•● 疑难解答 ●•

这个孩子只会从一数到二。

25 有个怪物

有个东西,一人的时候有3,二人的时候有4,三人的时候有5,四人的时候有7,五人的时候有6。

★ 数字谜题 ★

这是什么?

●疑难解答●

笔画。"一人"的笔画总数是3;"二人"的笔画总数是4;"三人"的笔画总数是5;"四人"的笔画总数是7;"五人"的笔画总数是6。

26 叫 卖

集市上,有个人正在卖东西。可就是没有人光顾。

他灵机一动,叫卖起来:"哎,快来看,快来买啊!一个两美元,五十个三美元。如果你需要,三美元也可以买一百个,一千个,一万个。如果你肯花四美元,你就可以买一百万个喽。快来看,快来买啊!"

这一喊,果然很奏效。他的身边立刻围满了人。

★数字谜题★

你知道他卖的是什么吗?

●疑难解答●

卖字的,一个字一美元。

27 值得表扬

期末考试成绩出来了。三门主课,语文、数学、英语,汤姆竟然都考了0分。同学们都嘲笑他。班主任却说:"比起你们当中有些人,汤姆有一点还是值得表扬的。"

★ 数字谜题 ★

你知道是哪一点吗?

•● 疑难解答 ●•

汤姆没有作弊。

28 剩下的蜡烛

有一对恩爱的夫妻。这天是他们结婚10周年的纪念日。

妻子做了一桌丰盛的晚餐,丈夫点着了10支红蜡烛并打开了几瓶红酒。他们要共进烛光晚餐。

他们刚吃,一阵风从窗户吹进来,吹灭了1支蜡烛。夫妻俩都没有管,继续吃着。当他们举起酒杯时,又一阵风吹进来,吹灭了

2支蜡烛。丈夫终于忍不住了，站起来去关上了窗户。夫妻俩依旧没有点着被吹灭的蜡烛，因为他们都比较喜欢7。

就这样，他们吃啊，聊啊，喝啊，无比高兴和幸福。最后两人都喝醉了，睡着了，直到第二天下午才醒来。

★ 数字谜题 ★

当他们醒来时，桌子上还剩下几支蜡烛？

● 疑难解答 ●

3支。燃着的7支蜡烛最终都烧完了，所以，只剩下那3支被风吹灭的蜡烛了。

29 吃 药

贝拉生病了，去看医生。医生只给她开了3粒药丸，并要她每半个小时吃1粒。

★ 数字谜题 ★

贝拉吃完这3粒药需要多长时间？

● 疑难解答 ●

1个小时。

30 剩下的柿子

柿子树上有20个熟透的柿子。半夜起风,吹落了一半。第二天,主人又摘下来一半。

★ **数字谜题** ★

树上还有几个柿子?

• **疑难解答** •

5个。

31 做不到

一位先生去理发店洗发。洗完后,他又让理发师给他梳个"中分"。理发师看看他的头,无奈地说:"我做不到。"

★ **数字谜题** ★

你知道为什么?

•● 疑难解答 ●•

那人的头发数是奇数。

32 从一到万

两个小朋友比赛写数字，从一写到一万。一个小朋友用了很长时间，而另一个小朋友只用了几秒。

★ 数字谜题 ★

为什么？

•● 疑难解答 ●•

另一个小朋友只写了10000。

33 干洗衣服

玛丽的妈妈拿了几件羽绒服去干洗。她看到一家洗衣店门口的牌子上写着：24小时取衣。于是走了进去。结果，店里的店员告诉她三天后来取。

第三章 哈佛学生爱做的数字脑筋急转弯

★ 数字谜题 ★

你知道为什么吗?

•● 疑难解答 ●•

因为洗衣店的员工每天工作8小时,所以24小时正好是三天后。

34 牛的角

有个农夫养了5头牛。

★ 数字谜题 ★

为什么只有9个角?

•● 疑难解答 ●•

其中有一头是独角的犀牛。

35 凯伊的生日

凯伊在2月1日过生日。

★ 数字谜题 ★

是哪一个2月1日呢？

•● 疑难解答 ●•

每年的2月1日。

36 取　水

有个地方很缺水。方圆几百里地，只有一口水窖。

水窖旁有一块石碑，上面刻着：三人三天最多取三桶水，否则将被处死。

有一家有九口人。

★ 数字谜题 ★

九人九天最多可以取几桶水呢？

•● 疑难解答 ●•

九桶。

37 快速的蜗牛

有一只小蜗牛，从广东爬到海南岛竟然只用了3分钟。

★ 数字谜题 ★

它是怎么爬的？

•• 疑难解答 ••

它是在地图上爬的。

38 鞋的价钱

艾娜的姑姑要买双新鞋。她看中了一家商场里的皮鞋，标价是428元。

★ 数字谜题 ★

此鞋一只多少钱？

哈佛学生最喜欢的数字游戏

●●疑难解答●●

商家不会只卖一只。

39 分苹果

妈妈提了一袋苹果回来,共6个,让大卫分给弟弟、妹妹还有他自己三个人。

★数字谜题★

大卫分完后,为什么袋子里还有2个苹果呢?

●●疑难解答●●

大卫给弟弟、妹妹各2个,剩下的苹果和袋子归自己了。

40 一只左手

莎拉的爸爸、妈妈都很健康,她也没有残疾。妈妈后来又生了个弟弟。莎拉第一眼看到弟弟,竟发现他只有一只左手。

第三章 哈佛学生爱做的数字脑筋急转弯

★ 数字谜题 ★

怎么回事?

•• 疑难解答 ••

每一个健康的人都只有一只左手和一只右手。

41 盲人杰克

杰克大叔是村里人都知道的盲人。一天,他独自出门,不小心走到了一个悬崖边,但他很快就转过头往回走了。

★ 数字谜题 ★

为什么?

•• 疑难解答 ••

因为他只瞎了一只眼。

42 剩下的兔子

一个猎人发现前面草丛中有3只兔子。他一抬枪就打死了一只。

哈佛学生最喜欢的数字游戏

★ **数字谜题** ★

草丛里还有几只兔子?

•● **疑难解答** ●•

一只,那只被打死的兔子。

43 昂贵的纸飞机

5岁的弟弟用纸折了一架飞机,爸爸看见后说这架纸飞机值好几百块呢。

★ **数字谜题** ★

为什么?

•● **疑难解答** ●•

弟弟是用100美元的纸币折的。

44 好人和坏蛋

有三个好人和一个坏蛋同搭一条小船过河。小船行到河中间时，竟突然翻了。三个好人都不会水，结果都淹死了。但那个坏蛋独自浮了上来。

★ 数字谜题 ★

为什么？

●● 疑难解答 ●●

因为蛋坏了以后确实会浮在水面上。

45 奶奶分糖

奶奶有7颗糖，想分给2个孙子吃。这2个孙子她都非常喜欢，所以必须得平均分，可又不能把糖咬碎了。

★ 数字谜题 ★

怎么办？

●● 疑难解答 ●●

奶奶自己吃一颗，然后给他俩一人3颗。

第四章

哈佛学生爱玩的数字智力游戏

1 生日的推断

过年了，大卫和鲍勃都得到了大人给的大把大把的糖果。

正当他们剥开糖果吃得非常开心的时候，大卫想出了一个问题，便和鲍勃打了个赌：如果鲍勃把大卫的问题答对了，大卫就把口袋里的糖果都送给鲍勃；如果鲍勃把大卫的问题答错了，鲍勃就必须把自己口袋里的糖果都送给大卫。

鲍勃欣然答应。

大卫说："这样吧。我告诉你一些条件，你来计算我的生日是哪一天。"

鲍勃得意地向大卫笑了一笑说："好的，你说吧。我来回答。"

大卫继续说："我的生日月份和日子都是个位数，把它们连着读成一个十位数的时候，这个十位数的3次方是个四位数，4次方是个六位数。并且这个四位数和六位数的各个数字正好是0-9这10个数字，而且没有重复。"

鲍勃没多久就计算出了正确的答案，得到了好大一堆糖果。

★ 数字谜题 ★

你能算出大卫的生日是哪天吗？

●疑难解答●

大卫的生日是1月8日。

2 四个数的数值

从前,有一对非常要好的亲兄弟。有一次哥哥看了一本书,想出了一个有关数字的问题来考弟弟。

哥哥说:"我这里有四个数字,它们的和是50,如果把第一个数加上4,把第二个数减去4,把第三个数乘以4,把第四个数除以4,你所得到的四个新数值完全相等。聪明的弟弟,你能算出这四个数的数值分别是多少吗?"

弟弟挠了挠头皮,想了想,不一会儿就准确地回答了哥哥的问题。

★数字谜题★

你能够算出这四个数的数值分别是多少吗?

●疑难解答●

这四个数的数值分别是4、12、2、32。

3 绳子被分成几段

现在，先取一根绳子，按照以下的要求对折后，从最中间剪断，然后我们来数一数这根绳子分成了几段。

★数字谜题★

首先，我们把绳子对折1次：从最中间剪开，这根绳子被分成了几段？

然后我们把绳子对折2次：从最中间剪开，这根绳子被分成了几段？

接着，我们把绳子对折3次：从最中间剪开，这根绳子被分成了几段？

…… ……

实验做好了。朋友们，你们有没有发现什么规律呢？应用了这个规律你能不能计算出以下的答案呢？

首先，我们再把绳子对折4次：从最中间剪开，这根绳子被分成了几段？

然后我们再把绳子对折5次：从最中间剪开，这根绳子被分成了几段？

接着，我们再把绳子对折6次：从最中间剪开，这根绳子被分成了几段？

…… ……

●疑难解答●

这根绳子分成的段数为：对折1次，绳子会被分成3段；对折2次，绳子会被分成5段；对折3次，绳子会被分成9段；对折4次，绳子会被分成17段；对折5次，绳子会被分成33段；对折6次，绳子会被分成65段；对折n次，绳子会被分成2^n+1段。

4 时钟的快慢

朋友们，你们在超市有没有仔细观察过：每一家超市都有一个时钟，超市的每张收银条上也印有交易时的时间。

这天，贝克在一个小超市买了一些东西。他离开的时候发现超市的钟指向11点50分，回到家，家里的钟已是12点05分，但贝克发现他还有一些重要的东西没有买，于是他就以同一速度返回小超市。到超市时发现超市的时钟指向12点10分。

★数字谜题★

如果家里的钟是非常准确的，那小超市的时钟是快还是慢？

●疑难解答●

小超市的钟慢了5分钟。

5 体重的趣题

有一天，五位数学家在一起聚餐。酒足饭饱后，大家开始闲聊。聊了许多数学问题，然后他们一起称了体重。三句话不离本行，他们利用各自的体重设计出了一道有趣的数学习题，朋友们不妨来看看：

五位数学家依次排好。然后，他们三个人一起称，称了2次；两个人一起称，也称了2次。

具体结果如下：

1. A+B+D=145千克；
2. C+A+E=135千克；
3. D+B=100千克；
4. B+C=110千克。

经过称量得知：五个人每个人的体重均在40千克到70千克之间，而且都是5的倍数。

★数字谜题★

你能不能计算出A、B、C、D、E五位数学家的体重各是多少？

疑难解答

A、B、C、D、E五位数学家的体重各是：A=45千克，B=60千克，C=50千克。D=40千克，E=40千克。

6 戒烟成功的日期

杰森是一个烟鬼，他吸烟的烟龄很长，烟瘾也很重。他的夫人和家属好说歹说才让杰森意识到吸烟的危害，他下决心戒烟。

他准备在抽完口袋里的烟后，马上戒烟。他数了数口袋里的烟，一共有27根。每次杰森都会墨守成规地只抽香烟的三分之二；然后将香烟剩下的三分之一拆开，将三枚烟蒂（每根为原来香烟三分之一）重新卷起，做成一根新的烟卷。把它放在下一次吸。

★ 数字谜题 ★

如果杰森按这种方式抽完这27根烟，并且每天只抽一次，那么抽完所有的烟要多少天？

疑难解答

抽完所有的烟要40天。40天=27+9+3+1。假设每天只抽一次，那么正好40天。

7 水桶的溢出时间

约翰是一个聪颖好学的好学生，特别是他的数学非常优秀。他的同学有什么不懂的数学题目都跑来找他，约翰因此有一些骄傲。

约翰的父亲对约翰要求特别严格，他看到约翰骄傲的样子很生气。约翰的父亲看到院子里的一只铁质空桶，灵机一动，想出了一个问题来考约翰。

约翰的父亲问他："咱们家里的这只铁质空桶深度为0.25米，我每天从0点起向这个水桶里灌水，一直灌到下午6点。在这18个小时内，铁桶里的水上升到了6米。此后到晚上12点的6个小时内，水流出了2米，还剩4米。如此这般，如果以每天4米的速度增加下去。水从桶边最初溢出的时间是第几天？"

可惜，约翰听了这道题后很快就说出了正确答案，父亲想教训他的目的没有实现。

★ **数字谜题** ★

水从桶边最初溢出的时间是第几天？

••● **疑难解答** ●••

水从桶边最初溢出的时间是第6天，午后3点钟。

8 迪奇的年龄

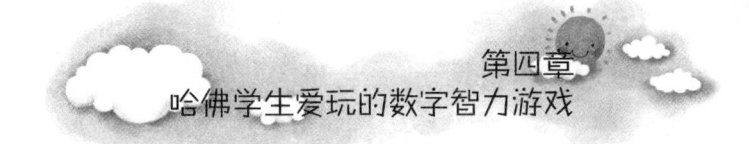

从前有个小伙子，名叫迪奇。迪奇出生那年的年份数目有一点儿小小的奇怪。

如果用这个年份数加5，就得到9的倍数；用它加6，就得到10的倍数；用它加7，就得到11的倍数；而如果用它加8，就得到12的倍数。

★ 数字谜题 ★

迪奇是哪一年出生的呢？

●● 疑难解答 ●●

迪奇出生在1984年。

9 有趣的魔术

马里斯最近发明了一种魔术。一天，马里斯拉住肖恩，给他表演自己发明的那个魔术。

哈佛学生最喜欢的数字游戏

马里斯对肖恩说："你用3乘以你的年龄，再加6，然后再除以3。之后，把得数告诉我，我就能知道你今年多大岁数。"

肖恩偷偷地躲在一边，按照马里斯的要求计算好了，然后把得数告诉马里斯："得数是16。"

马里斯立即回答说："我知道了，肖恩。你今年14岁。"

肖恩大吃一惊，大声说道："对呀，我今年是14岁，你是怎么猜到的呢？"

马里斯得意扬扬地说："嘿嘿，这就叫变魔术。"

正当肖恩对马里斯的魔术佩服得五体投地的时候，肖恩的母亲走过来，摸了摸肖恩的头说："你们小孩子的年龄谁都能猜个八九不离十的。这种魔术都是骗人的。我看是马里斯蒙对了。这样吧，马里斯，你来猜猜我的年龄，我刚才按照你的要求计算好了：得数是47。你来看看我的年龄是多少。如果你猜对了，阿姨就去买汉堡给你们吃。"

"一言为定！"马里斯马上回答道，"阿姨，您今年是45岁。我没有猜错吧？"

肖恩的妈妈听了兴奋地说："对啊，正好是45岁。马里斯的魔术真厉害。走，一起去吃汉堡。"

★ 数字谜题 ★

你能够说出马里斯的这个魔术的奥妙吗？

●● 疑难解答 ●●

因为任何一个非零实数乘以3，再加6，然后再除以3。都等于原来的数加2。所以马里斯得数中减去2，就是原来的数字了。

第四章
哈佛学生爱玩的数字智力游戏

10 剪彩页的故事

一次,玛丽购买了一本动画书。这本动画书一共有250页,动画书里面有好几张非常漂亮的彩页,玛丽爱不释手,准备立刻把它们全都剪下来。

可是,玛丽的家庭作业没有完成,玛丽的妈妈不让她做除了学习以外的其他事情。于是,这个艰巨的任务落在了玛丽爸爸身上。玛丽恳求爸爸帮她把第5页到第16页的彩页剪下来,接着,把第26页到第37页的彩页也剪下来。玛丽的爸爸一口答应了。

然后,玛丽的爸爸按照玛丽的要求把她喜欢的彩页剪下来,叠在一起,放在书桌上。

★数字谜题★
你能计算出玛丽的这本童话书还剩几页吗?

●•疑难解答•●
玛丽的这本童话书还剩有224页(250-12-12-1-1=224页)。
备注:在剪26页与37页时,25页与38页也被一起剪下来了。

11 有关公倍数的故事

以前，迈克一直以为学习最小公倍数这种知识枯燥无味，整天与求几和几的最小公倍数这样的问题打交道，真是烦死人，总觉得学习这些知识在生活中没有什么用处。然而，有一件事改变了他的看法。

有一天，迈克和爸爸一起乘公共汽车去市青少年宫参加学习。他们俩坐的是3号车，快要出发的时候，1号车正好和他们同时出发。此时，爸爸看着这两辆车，突然笑着对他说："迈克，爸爸出个问题考考你，好不好？"迈克胸有成竹地回答道："行！""那你听好了，如果1号车每3分钟发车一次，3号车每5分钟发车一次。这两辆车至少再过多少分钟才能再次同时出发呢？"稍停片刻，迈克说："爸爸你说的这个故事不能解答。"爸爸疑惑不解地看着他："哦，是吗？""这个故事还缺一个条件：1号车和3号车起点是同一个地方。"爸爸听了他的话，恍然大悟地拍了一下脑袋，笑着说："我也有糊涂的时候，出题不够严密，还是迈克想得周全。"迈克和爸爸开心地哈哈大笑起来。此时，爸爸说："好，现在假设在同一个起点站，你说有什么方法来解答？"迈克想了想脱口而出。爸爸听玩夸赞："答案正确！100分。""耶！"听了爸爸的话，迈克高兴地举起双手。

第四章 哈佛学生爱玩的数字智力游戏

★数字谜题★

你知道爸爸给迈克讲的故事的答案是多少？

●疑难解答●

这两辆车至少再过3乘以5，即15分钟才能同时出发。

12 比一比木块的大小

有五个木块，颜色分别是红的、白的、黑的、绿的和紫的，它们的大小各不相同。已知其中绿木块比红木块小，黑木块比紫木块大但比绿木块小，紫木块比白木块大，红木块比白木块大。请按照从小到大的顺序，把这几块木块排成一行。

本题中的条件比较多，可以先把每个条件涉及的木块一律按从小到大的顺序各自排成一行，然后汇总。

★数字谜题★

这五个木块从小到大依次是怎么排列的？

●疑难解答●

在这大大小小的游戏木块中。由条件得到：绿＜红；紫＜黑＜绿；白＜紫；白＜红。综合以上各个条件，得到：白＜紫＜黑＜绿＜红。所以五个木块从小到大，顺次是：白木块，紫木块，黑木块，绿木块，红木块。

13 食用盐的多少

有一次，莉莉的母亲到超市购物，正巧遇到节日超市大甩卖。精打细算的莉莉妈妈一下子就从超市购买了20袋盐。

莉莉妈妈很高兴地回到家里，她把盐放进了平时放盐的大罐子里。平均5袋盐可以盛满一罐。

当她使用了36天之后，其他的罐子还满着，只有一个大罐子里的盐就剩下她以前购买的一小袋这么多了。莉莉妈妈轻轻地叫来莉莉，问她说："宝贝，你能计算出妈妈买的这么多盐，一共可以使用几天吗？"

莉莉马上就回答出了妈妈的问题。妈妈高兴极了，特意买了一罐巧克力给莉莉作为奖励。

★数字谜题★

你能计算出莉莉妈妈买的这么多盐，一共可以使用几天吗？

●疑难解答●

莉莉妈妈买的这么多盐可以使用180天。

14 算一算瑞娜家的门牌号码

从前,有个小女孩叫瑞娜,住在芝加哥的一条小街上。因为只有一侧有房屋,所以街上每户人家的门牌号码都是按照1号,2号,3号,4号……的顺序编排下去的。其中没有跳号,也没有多号,更没有重复。

巧合的是:除了瑞娜家以外,其余每一家的门牌号码数累加起来恰恰等于10000。

★数字谜题★

你能否计算出这条街总共有几户人家?瑞娜家的门牌号码又是多少?

••疑难解答••

根据题意,这条街上所有各家门牌号之和应大于10000。经计算,140家门牌号码之和为1+2+3+……+140=(1+140)×140÷2=9870。这个数小于10000,不符合题意。141家门牌号数之和为10011,瑞娜家门牌号数是10011-10000=11(号)。

142家的门牌号之和为10153,瑞娜家的门牌号是10153-10000=153(号)。这里我们设定是142家,而由题意可知:142家不会有一家的门牌号是153,即这是不可能的。当设定有142家以上时,也会出现这种矛盾,所以这条街上只能有141家,瑞娜家门牌号一定是11号。

哈佛学生最喜欢的数字游戏

15 客人的多少

一天,苏菲到小溪边洗碗。隔壁的艾琳大婶路过,看着苏菲身边的一大堆碗,便问:"苏菲,今天你怎么要洗这么多碗啊?"

苏菲回答道:"艾琳大婶,今天我家来了好多客人,我们请他们吃饭,吃完后留下了这么多碗,要洗干净。"

艾琳大婶又问道:"那么今天你家来了多少客人呢?"

苏菲回答道:"具体人数我不清楚,我只知道2人共吃1碗饭;3人共吃1碗羹;4人共吃1碗肉,总共使用了65只碗。"

于是艾琳大婶想了想,很快就计算出了苏菲家当天来了多少客人。

★数字谜题★

你知道苏菲家当天来了多少客人吗?

⋯●疑难解答●⋯

苏菲家当天来了60位客人。

16 新的电话号码

一天,凯丝家里换了一个新的电话号码,她对着新的电话号码看了半天,突然发现自己家的电话号码有三个特点,能让人很容易记住这个号码。

第一,凯丝家原来的电话号码和新换的电话号码都是四位数字;第二,新号码正好是原来号码的四倍;第三,原来的电话号码的数字倒过来写正好是新的电话号码。

★ 数字谜题 ★

你能计算出凯丝家的新电话号码到底是多少吗?

··● 疑难解答 ●··

凯丝家的新电话号码是8712。

17 玩调色板引发的思考

在遥远的欧洲国家苏格兰,有一位非常著名的数学家,名叫莱

哈佛学生最喜欢的数字游戏

格福德。

一天,莱格福德的儿子在玩调色板,莱格福德在旁边看着。

莱格福德的儿子从玩具箱里把红色、蓝色、黄色的调色板各取出2块,相互调动,并且把它们排成一排。

莱格福德看到的6块调色板的次序是:黄红蓝红黄蓝,正好符合以下的条件:

第一:2块红板之间,另外有1块颜色板;

第二:2块蓝板之间,另外有2块颜色板;

第三:2块黄板之间,另外有3块颜色板。

莱格福德思考了一会,他想出了一道经典的数学题。题目是这样的:

他分别用"1"表示红色,用"2"表示蓝色,用"3"表示黄色。将颜色的问题用阿拉伯数字来代替,就变成了把1、1、2、2、3、3这六个数字排成一队。并且规定两个"1"之间必须有1个数字,两个"2"之间必须有2个数字,两个"3"之间必须有3个数字。

就这样,排列出的数字顺序为312132。

接着,莱格福德给在座的朋友们又提了一个有趣的问题:他分别用"1"表示红色,用"2"表示蓝色,用"3"表示黄色,用"4"表示白色。将颜色的问题也用阿拉伯数字来代替,也就是把1、1、2、2、3、3、4、4这八个数字排成一队,并且规定两个"1"之间必须有1个数字,两个"2"之间必须有2个数字,两个"3"之间必须有3个数字,两个"4"之间必须有4个数字。

第四章 哈佛学生爱玩的数字智力游戏

★ 数字谜题 ★

这样，排列出的数字顺序为多少？

•● 疑难解答 ●•

排列出的数字顺序有两个，其中一个是41312432，另一个是23421314。

18 家庭的人数

一次，艾伦到舅舅家里去玩。舅舅家有好多家人，大家都非常宠爱艾伦，拿出好多好吃的东西塞到艾伦的口袋里。

回到家以后，艾伦兴奋地来到好朋友卡拉家里玩耍，把好吃的食物分给卡拉。

卡拉一边吃食物，一边问艾伦："艾伦，你舅舅家里到底有多少人啊？"

艾伦想了一会，笑了笑说："我舅舅家里有三代人，有一个人是祖父，有一个人是祖母，有两个人是爸爸，有两个人是儿子，有两个人是妈妈，有两个人是女儿，有一个人是哥哥，有两个人是妹妹，有四个是孩子，有三个是孙子或孙女。"

★ 数字谜题 ★

你能计算出艾伦的舅舅家里到底有多少人吗？

哈佛学生最喜欢的数字游戏

•● 疑难解答 ●•

有7个人,一对老年夫妻,他们的儿子和儿媳,他们的一个孙子和两个孙女。

19
怎样摸对袜子的颜色

从前,有一个小朋友,非常喜欢解答数学题。他的父亲为了考验自己孩子的数学能力,讲了一个十分有趣的数学故事:

一个姑娘在箱子里存放了20只袜子,有10只是红色的,有10只是黑色的,它们都随机地放在一起。一天晚上,姑娘有事出去,但这时恰巧停电了,家里又没有任何光亮。姑娘只能在黑暗中从箱子里取袜子。

问题一:为了能够保证她从箱子里取出的袜子必须有两只是相同颜色的一对,那么她至少需要拿出多少只袜子?

问题二:为了能够保证她从箱子里取出的袜子必须有两只是红色的一对,那么她至少需要拿出多少只袜子?

问题三:为了能够保证她从箱子里取出的袜子必须有两只不同颜色的,那么她至少需要拿出多少只袜子?

★ 数字谜题 ★

你能够计算出来吗?

第四章 哈佛学生爱玩的数字智力游戏

•疑难解答•

这个小朋友很快就解决了这道问题。他的答案是问题一：为了能够保证她从箱子里取出的袜子必须有两只是相同颜色的一对，那么她至少需要拿出3只袜子。问题二：为了能够保证她从箱子里取出的袜子必须有两只是红色的一对，那么她至少需要拿出12只袜子。问题三：为了能够保证她从箱子里取出的袜子必须有两只不同颜色的，那么她至少需要拿出3只袜子。

20 同学的人数

又到了春游的时间，皮特和同学一起去野外游玩。他们玩了老鹰捉小鸡、打野鸭子、捉迷藏等游戏，玩得满头大汗。

回家后，皮特抑制不住内心的兴奋，把郊游遇到的各种事情都告诉了哥哥。

哥哥问皮特："你们这次郊游，一共去了几个小朋友？"

皮特想了一想，说："这次一起去郊游的同学，我们之中有男生和女生。女生加上男生，再加上女生与男生人数相乘的积。所得的结果是34。"

哥哥拿出纸笔，不一会儿就计算出来这次去郊游的学生的人数。

哈佛学生最喜欢的数字游戏

★ 数字谜题 ★

你也能像皮特的哥哥那样计算出这次去郊游的学生的人数是多少吗？

●疑难解答●

这次去郊游的学生的人数为10人。

21 大河的宽度

有一条大河，它的两岸各有一个轮渡码头。现在有甲和乙两艘渡船，在同一时刻以不一样的速度，从A、B码头分别驰向自己对面的码头。它们都以均速行驶，等到甲船离A码头的距离为700米时，两艘渡船正好相遇。

等到两艘渡轮各自到达对岸的码头以后，马上掉头往回行驶；当甲船离B码头为400米的时候，两船又一次相遇了。

★ 数字谜题 ★

你能不能利用以上有的条件，计算出这条大河的宽度呢？

●疑难解答●

设河宽s，甲船速度a，乙船速度b。则700/a=（s-700）/b，s/a+400/a=s/b+（s-400）/b。由此可算出s=1700，即大河宽度为1700米。

第四章 哈佛学生爱玩的数字智力游戏

22 年龄的推断

艾琳是一个爱动脑筋的女孩子,她常喜欢做数学游戏。这一天,艾琳妈妈带着艾琳一起参加一个派对。

艾琳在酒会上遇到了好多同龄小朋友,他们一起玩耍,玩得不亦乐乎。

后来,一位小朋友问艾琳:"你的生日是哪一天?"

艾琳歪着脑袋想了一想,调皮地说:"我的生日是在一月的第一个星期四,那个月所有的星期四的日期和是80。"

★ 数字谜题 ★

你能说出艾琳的生日是几月几日吗?

●● 疑难解答 ●●

设第一个星期四的日期为 x ,一个月内的星期四有4个或5个,则后面的星期日的日期分别为 $x+7$、$x+14$、$x+21$、$x+28$(如果有第5个的话);分两种情况讨论:

①若这个月只有4个星期日,则有 $x+(x+7)+(x+14)+(x+21) = 80$,

解得:$x = 9.5$,不是整数,不合题意,舍去;

②若这个月有5个星期日,则有 $x+(x+7)+(x+14)+(x+21)+(x+28) = 80$,

解得：$x = 2$；

所以艾琳的生日是1月2日。

23 开花的果树

有一次，在夏天的时候，大卫和玛丽家院子里的两棵果树开花了。大卫和玛丽数了数，两棵果树上一共开了100朵鲜花。它们之中一棵果树的花开得多，另一棵果树的花开得少。但是到了秋天收获的时候，大卫和玛丽又数了数，发现这两棵树结的果子一样多。

于是，大卫对玛丽说："如果这棵树能有那棵那么多花，那么这棵树能够结出15个果实。"

玛丽也对大卫说："如果那棵树只有这棵树这么多花，那么那棵树仅仅能够结出6个果实。"

★ 数字谜题 ★

你能计算出这两棵树各自开了多少朵鲜花吗？

••● 疑难解答 ●••

一棵果树开了60朵鲜花，另一棵果树开了40朵鲜花。

24 火车的开车时间

有一天，西蒙乘坐火车到达某一个地方给尼奇送货，本来说好尼奇来接西蒙的，可是这天火车提前到站了，所以西蒙就一个人开始步行前往尼奇的住处，走了半个小时，迎面遇到了尼奇。尼奇接过东西，没有停留就掉头回去了。

当尼奇到达住处时，他发现这次接货回来的时间比平时早了10分钟。

★ 数字谜题 ★

那么这天的火车比平时早到了多长时间呢？

●● 疑难解答 ●●

30-20=10，这一天的火车比以前提前了20分钟到站。

25 飞驰的火车

从前，有个男孩名叫保罗，独自乘火车到乡下姥姥家去过暑假。

哈佛学生最喜欢的数字游戏

保罗上车时所在的位置是最后一节车厢，但是他仔细搜索了一下，这节车厢没有空位。于是，在火车经过A站时，保罗开始以均衡的速度向前面的几节车厢走去，准备寻找一个可以坐下来的空位。

保罗向前（向车头方向）走了五分钟后，到达第一节车厢，发现那里也没有空的座位。这让他十分沮丧。

于是他掉转头，以同样的速度往回走，又返回到最后一节车厢。恰恰在此时，他乘坐的火车刚好经过B站。

★ 数字谜题 ★

如果说A、B两个站点相距5千米，那么保罗所乘坐的这列火车的速度应该是多少呢？

•● 疑难解答 ●•

据题意，保罗花的10分钟的时间里，列车刚好驶过从A到B的距离。所以列车速度为5÷（10÷60）=30，保罗所乘坐的这列火车的速度应该是每小时30千米。

26 迷路的人数

很久很久以前，有一队人马要翻越一片茫茫的沙漠。他们在出发前带足了水和粮食，准备在路上食用。但是茫茫沙漠没有边界，他们走着走着，就不知道自己身在何处了。

由于这迷了路的9个人在沙漠找不到出路，他们所有的粮食只够这些人吃五天。第二天，这9个人又遇到了一队迷路的人，这一队人已经没有粮食了，大家便算了算，两队合吃粮食，只够吃三天。

★ 数字谜题 ★

那么第二队迷路的人有多少呢？

●● 疑难解答 ●●

这9个人遇到第二队人的时候已经吃掉了一天的粮食，所剩下的只够这9个人自己再吃四天，但第二队加入后只能吃三天，也就是说第二队在3天内吃的食物等于9个人一天的粮食，因此，第二队有3个人。

27 与沙漠的斗争

有两个考古学家要穿越沙漠，到达西面的一座古城进行考察。据当地群众说，穿过沙漠需要十天时间，每人每天最多只能带8斤食品和8斤水，而每人每天至少要消耗1斤食品和1斤水。这样，最后2天便会因无法得到食品和水而葬身沙漠。

他们也可以雇用民工，但是民工每人只能带8斤食品和8斤水，各自所带的粮食和水连自己都不够消耗的。

哈佛学生最喜欢的数字游戏

两人苦苦思索着解决办法，最后终于想出了一个好办法，顺利通过了沙漠，到达了古城。

★ 数字谜题 ★

你知道他们是如何与沙漠斗争的吗？

•• 疑难解答 ••

他们雇用了一个民工，两天后，请民工回去，并给他2斤食品和2斤水供回去的路上用。民工余下的4斤食品和4斤水，两个队员平分，加上他们各自用剩的食品和水，每人仍是8斤食品和8斤水，而此时余下的路程也只需八天。

28 猜数字的魔术

一位魔术师把一块手表的表面对着观众，说："朋友，请你在表面上表示小时的12个阿拉伯数字之中默认一个数字。我的手中现在有一根木棍，当我的木棍指着表面上的一个数字，你就在心中默念一个数。注意你必须从比你默认的数字大1的那个数字开始默念。比如：你如果默认数字是5，你就从6开始念；然后按照顺序往下念。我指表面上的数，你默念心里的数，我显然不会知道你心里默念的数是什么。当你念到20的时候，就喊'停'。这个时候，我手中握着的木棍就一定指着你最初默认的数。"

在那位观众遵照魔术师的要求做好以后，魔术师手中的木棍正好指着他最初默认的那个数字。

于是，台下的观众响起一阵雷鸣般的掌声，魔术师的表演获得了巨大的成功。

★ 数字谜题 ★

你知道魔术师是怎样制造这个魔术的吗？

● 疑难解答 ●

魔术师是这样制造这个魔术的：起先，魔术师假装经过深思熟虑，而实际上是点了7个数字，但他点的第8个数字必定是12，第9个数字必定是11，第10个数字必定是10，然后按逆时针方向依次点下去。当配合演出的观众念到20并且喊停时，这位魔术师正好把木棍指在了观众最初默认的数字上。

29 凶案发生的确切时间

同学们是否喜欢看侦探故事？是不是被故事中跌宕起伏的情节所深深吸引？我们现在就来讲一个有关侦探的故事。

这天，为了调查案件，当地的侦探把居民们都召集在一起，向邻居了解案发当天凶案发生的具体时间。

一位老大妈说她听见受害人最后的惨叫时间是23点08分；另一

哈佛学生最喜欢的数字游戏

个女孩说她听见的受害人最后的惨叫时间是22点40分；楼下的烟酒店小老板说他十分清晰地记得听见受害人最后的惨叫时间是23点15分；最后一位老大爷说他听见受害人最后的惨叫时间是22点53分。

可惜的是这四个邻居的手表都不准确，在这些手表中，其中一个慢12分钟，另一个快3分钟，接下来的一个快10分钟，最后一个慢25分钟。

★ 数字谜题 ★

凶手的作案时间是什么时候？

●·疑难解答·●

以数学原理来判断凶手的作案时间为23点05分。

30 一名数学家的遗产

从前，有一位年轻的数学家，在数学方面做出了巨大贡献，因此得到了国王的赏赐。

几年以后，这位数学家的夫人怀孕了——这是他们的第一胎小孩，可惜的是数学家生了一场大病。他在奄奄一息的时候，强撑着虚弱的身体，留下一份遗嘱。

遗嘱是这样写的："如果我的妻子所生的是男孩，那么我的儿子将来要继承我2/3的遗产。我将赠与我的妻子1/3的遗产。如果我

第四章 哈佛学生爱玩的数字智力游戏

的妻子所生的是女孩，那么我的女儿将来要继承我1/3的遗产，我将赠与我的妻子2/3的遗产。"

令人惋惜的是，数学家没能看到自己的亲生骨肉降生，就离开了人世。可喜的是，他的夫人居然生下了一对龙凤胎，告慰了他的在天之灵。

★ 数字谜题 ★

如果按照数学家的遗嘱，我们怎样将他的财产分赠给他的妻子、儿子和女儿呢？

●● 疑难解答 ●●

我们应该这样将他的财产分赠给他的家人：妻子2/7、儿子4/7和女儿1/7。

31 逃跑的汽车

一天，一座小城市发生了一起车祸，汽车司机撞人后逃逸了。被撞翻的人是个小伙子，撞击程度太大，人还没有送到医院就身亡了。

当时是清晨，公路上的行人非常稀少，几乎没有目击证人。已知该城市只有两种颜色的车，黑色25%，灰色75%。车祸发生时有一个人目睹了车祸的过程，他指证是黑车，但是根据专家分析，当

时那种条件能看正确的可能性是90%。

★数字谜题★

逃跑的车是黑车的概率到底是多少？

●●疑难解答●●

概率是75%。

32 虚伪的慈善家

很久以前，有一位很有钱的人。他平时乐善好施，所以别人称他为"慈善家"。可是有一天，这位"慈善家"露出了伪善的马脚。

这天，这位慈善家在一家饭馆吃饭。和朋友们聊得很兴奋的时候，"慈善家"很得意地说："在这个星期，我把50枚银元施舍给了10个可怜的人。我不是平分给他们的，而是根据他们各自的贫困状况给的。而且他们10个人每个人得到的银元数目都没有相同的。"

听到这里，一位聪明的年轻人实在忍受不住了。他站起身，对着"慈善家"大声说："你是个虚伪的伪慈善家，而且你说的都是谎话。"

被青年揭穿底细后，这位"慈善家"惭愧得无地自容。他悄悄地独自离开了饭馆。

★ 数字谜题 ★

你知道这个年轻人是根据什么来判断"慈善家"说谎的吗?

●● 疑难解答 ●●

因为如果让这10个人都得到枚数不等的银币。至少要"1+2+3+…+10=55(枚)"银币。

33 确切的时间

有一天,士兵吉恩向长官克鲁斯说:"尊敬的长官,早上好!请问,您告诉我现在是几点钟?"

克鲁斯说:"从午夜到现在这段时间的四分之一,加上从现在到午夜这段时间的一半,就是正确的时间。"

★ 数字谜题 ★

你能根据克鲁斯的各种条件,来计算出当时的准确时间吗?

●● 疑难解答 ●●

长官克鲁斯所说的当时的准确时间是12点钟。

哈佛学生最喜欢的数字游戏

34 奇怪的保密号码

有一位叫尼古拉斯耶夫的五星上将，经常炫耀自己的保密号码，每次和别人谈起他的保密密码，他总是非常得意。

他告诉别人："我是用这样的方法来记住自己的保密号码的。取一个五边形图案，沿着它的一圈标上0到9这十个数字。让这十个数字不重复地分别使用一次，当中5个数字就放在5个角上，其余的5个数字都放在五边形的每条边的中心点上。"

有人问他："你的算术题如果这样安排的话，它的组合实在太多了，好像算不出来吧。"

尼古拉斯耶夫神秘地说："在这次计算中有一个诀窍，五边形的每一条边上的3个数字的和都相等。"

有人追问道："你这道数学题解答起来，实在是太简单了。"

尼古拉斯耶夫得意地说："另外，5个角上的数字要么统统是奇数，要么统统是偶数，当然偶数也包括0。这样的话至少有2种可能，不，确切地说一共有4种可能：我把这10个数字不重复地放在五角形的五条边和角上。然后我可以按顺时针方向填，也可以按逆时针方向填。五边形的角上的数字可以是奇数也可以是偶数——当然包括0。然而在这4个可能中，数字中最大的那个就是我的保密号码。"

★ 数字谜题 ★

你能计算出这个保密号码到底是多少吗?

●● 疑难解答 ●●

尼古拉斯耶夫的保密号码为9418325670。

35 关灯游戏

有100个开关,分别编号1~100。利用这些灯做个游戏。全部开关朝上,表示开着的灯,进行如下操作:

凡是1的倍数反方向拨一次开关;

凡是2的倍数反方向又拨一次开关;

凡是3的倍数反方向又拨一次开关……

★ 数字谜题 ★

最后为关熄状态的灯的编号是哪些?

●● 疑难解答 ●●

1、4、9、16、25、36、49、64、81、100。

这只是个游戏而已,实际操作求解那可是相当烦琐的。我们知道,就某个亮着的灯而言,如果拨其开关的次数是奇数次,那么,结果它一定是关着的。

哈佛学生最喜欢的数字游戏

根据题意可知，号码为N的灯，拨开关的次数等于N的约数的个数，约数个数是奇数，则N一定是平方数。

你知道100以内共有多少个平方数吗？对，共有10个平方数，即，最后关闭状态的灯共有10盏，他们的编号分别为1、4、9、16、25、36、49、64、81、100。

第五章

哈佛学生爱看的数字智慧故事

哈佛学生最喜欢的数字游戏

1 魔术师的技法

有一位著名的魔术师,最近发明了一个新魔术:他请一位观众上台,提供一枚2分硬币和一枚5分硬币,让他拿着。然后把两枚硬币分开,任意地放在左手和右手里(当然,观众的左右手拿的分别是哪种硬币,不要让魔术师看到)。

然后,魔术师说:"亲爱的观众,请你把右手中的硬币币值乘以3,把左手中的硬币币值乘以2,然后把它们两个乘积相加,把它们相加的结果告诉我。"

与魔术师合作的那位观众按照魔术师的吩咐,照着做了。然后魔术师很快就猜中了哪只手拿着的是2分硬币,哪只手拿着的是5分硬币。台下响起了一阵雷鸣般的掌声。

魔术师谢幕后回到后台,他的徒弟好奇地问他是如何做到的。魔术师很神秘地笑笑,说:"其实,这个魔术的破解方法是有规律的,如果那位合作的观众得到的和是奇数,那么他的左手拿着的是2分的硬币。如果得到的和是偶数,那么他的右手拿着的是2分的硬币。"

★ 数字谜题 ★

你知道这是为什么吗?

疑难解答

魔术师的魔术是有科学依据的。魔术师是按照数字的奇偶规则来判断的。因为奇偶之和为奇数；偶数之和为偶数。

2 油画的价格

油画是世界艺术中的一块瑰宝。一幅好的油画价格不菲，极具收藏价值。

很久很久以前，有一个名叫杰克逊的画家，画得一手漂亮的风景油画，在当地小有名气。

这天，杰克逊把一张非常精美的风景油画，出售给了好友汤姆，售价100元。

汤姆购买到这幅作品非常高兴，把它挂在家里最显眼的位置。可是才过了一段时间，汤姆突然觉得自己已经不喜欢这幅画了。于是，他以80元钱的价格，将这幅画卖回给了画家杰克逊。

过了几天，又有顾客登门造访杰克逊，于是杰克逊以90元钱的价格，将那幅油画卖给了那位名叫大卫的顾客。

接着，三个人又打起了小算盘。

画家杰克逊窃喜：第一次，我把画卖了，得到100元钱，那个价钱正好是我用掉的时间和原材料的花销，我根本没有赚到利润。然后我花80元钱将他买回，然后又卖掉，卖了90元钱——所以我总

哈佛学生最喜欢的数字游戏

共赚了10元钱。

汤姆的想法和他不同,他想:画家杰克逊把他画的风景油画卖给我,得到了100元钱,把原先卖给我的画买回去又花了80元钱,计算下来就赚了20元钱;第二次卖多少,我可以不予理睬,因为90元钱才是那张风景油画的价值。

大卫却觉得:画家杰克逊第一次卖画给汤姆得到了100元钱,然后又从汤姆那里把画买回用了80元钱,所以他赚到了20元钱。然后画家杰克逊从汤姆的手中只用了80元钱,却以90元的价格又一次把风景油画卖掉——卖给了我。这样,杰克逊又赚了我10元钱,所以画家杰克逊一共赚了30元钱。

★ 数字谜题 ★

画家杰克逊卖掉这幅风景油画后,一共赚了多少钱?画家杰克逊、汤姆、大卫这三人到底谁的计算是正确的呢?

·•● 疑难解答 ●•··

因为我们不知到油画的实价是多少,所以我们无法计算画家到底赚了多少钱。

3 邮局难题

在日常生活里,我们买东西时偶尔会为一些妨碍我们的、无法预知的谜题而困惑。我很同情一个在邮政支局工作的年轻女士，一个绅士走进邮局并把1克朗放在柜台上，他说："请给我一些价格为2便士和1便士的邮票，1便士邮票的数量是2便士邮票的6倍，剩下的钱给我一些价格为2.5便士的邮票。"这位女士顿了顿，然后回过神来，面带微笑，递给他准确数量的邮票。

★数字谜题★

你能帮这位女士算一下25便士，能买多少张邮票吗？

●疑难解答●

这位年轻的女士提供了5枚价格为2便士的邮票，30枚价格为1便士的邮票，以及8枚价格为25便士的邮票，这个分配方式准确地满足了他的条件，即5先令的花费。

具体步骤：设2便士的邮票为x枚，25便士的邮票为y枚，则1便士的邮票为6x，则有2x+6x+25y=60，即8x+25y=60，其中x,y为正整数，并且0<x<8。8x+25y=60；16x+5y=120；y=(24-3x)-17x，x必为5的倍数，所以x=5，经计算得y=8。所以两便士的邮票为5枚，一便士的邮票为30枚，25便士的邮票为8枚。

4 害人的假钞

假钞是一些不法分子印刷的假钞票，这种钱币在社会上一旦流

哈佛学生最喜欢的数字游戏

通开来，会对整个国家的经济造成极大危害。我们现在要讲述的就是一个有关假钞的故事。

一天，劳达的小店里来了一位时髦的顾客，他反反复复地仔细挑选了价值20元的商品。顾客付给劳达50元钱。劳达因为没零钱，便到隔壁贝利的店里，把50元换成零钱，回来找给了顾客30元零钱。

顾客离开后不久，贝利便急匆匆地来找劳达，他生气地说："劳达你上当了，刚才那个客人付给你的是假钞。"劳达连声道歉，马上给贝利换了张真钞。

★数字谜题★

你能计算出，在这个过程中劳达一共赔了多少钱吗？

••疑难解答••

首先，顾客给了劳达50元假钞，劳达没有零钱，换了50元零钱，此时劳达并没有赔，当顾客买了20元的东西，由于50元是假钞，此时劳达赔了20元，换回零钱后劳达又给顾客30元，此时劳达赔了20+30=50（元），当贝利来索要50元时，劳达手里还有换来的20元零钱，他再从自己的钱里拿出30元即可，此时劳达赔的钱就是50+30=80（元），所以劳达一共赔了80元。

5 火车票的种数

以前，火车售票处卖的车票，上面用铅字印着从哪一站上车，到哪一站下车，不允许涂改，也很难伪造。这样就要准备很多种从某站到另外某站的车票，所以售票员的桌上总是有一个大大高高的架子，里面划分很多小格，每一小格里放一种车票。

有一条列车线，在甲、乙两城之间来往，中途停靠4处。连头带尾，共有6个停靠站。为了这6个站，要准备多少种不同的车票呢？

从6个站中的某一站出发，目标可能是另外5站中的任何一站。所以为了这一个上车站，要准备5种票，分别到另外5站下车。

从6站中的每一站，都可能有旅客上车。6个上车站，需要准备的车票种数是5×6=30。

根据上面的分析，可以得到一个公式：

车票种数=（停靠站个数−1）×停靠站个数。

★数字谜题★

假定还是这条列车线，现在决定在途中增加3个新的停靠站，那么需要增加多少种新的车票呢？

●●疑难解答●●

增加3个站，总数就变成9站。9个站需要的车票种数是8×9=72。需要增加的车票种数是72−30=42。

6 买书的价格

米娅和丽娜是两个非常爱学习的好孩子。她们成绩优异，经常得到老师的表扬。她们非常爱读书，经常结伴到书店去买书。

这天，米娅和丽娜这两个好朋友又到新华书店去挑选书籍。最后，两人都看中了《爱动脑筋的小咪》这本书。但是她们所带的钱数都不够，米娅缺1.15美元；丽娜少了0.01美元。可惜的是：用米娅和丽娜两人合起来的钱买一本，仍然不够购。

★ 数字谜题 ★

你能算出这本书的价格是多少吗？米娅和丽娜她们各自带了多少钱？

●● 疑难解答 ●●

这本书的价格是1.15美元，米娅口袋里没有钱，丽娜口袋里有1.14美元。

7 破译的情报

某司令部截获了一批情报,但是情报员却无法进一步破译。初步得到的情报是:下个月,敌军部队将分成三队进攻我军。东部部队人数是"ETWQ",西部部队人数是"FEFQ",东西部队总人数是"AWQQQ",但具体人数是多少无法破译。此情报后来被一位数学家成功破译了。

★数字谜题★

你知道敌军具体有多少人吗?东西部部队各多少人呢?

●●疑难解答●●

ETWQ+FEFQ=AWQQQ

尾数Q+Q=QQ=0

首数A=1

AWQQQ=1W000

W+F=10

T+E+1=10

E+F+1=W+10

5430+7570=13000

哈佛学生最喜欢的数字游戏

8 摆渡的小船

俄国有一位非常著名的作家，名叫列夫·托尔斯泰。他创作了许多优秀著作，在文学界影响深远，被誉为俄国文学之父。下面是一道由列夫·托尔斯泰创作的数学题，让我们来拜读一下。

很久以前，有几个游人正星夜赶路，走到中途，却被一条河挡住了去路。要过河的话必须有一座桥或者摆渡船。他们没有找到桥，但是看到了一只小船停在河边。

令人烦恼的是，小船一次最多只能承载1个大人或者2个小朋友。而要摆渡的10个游人中，有8个是大人，2个是小朋友。

★数字谜题★

假设小朋友和大人一样能够单独划船到对岸，要使这些游人都安全地乘坐小船到达河对岸，需要怎样安排？

●疑难解答●

首先，让两个小朋友一起划船到对岸，让其中一个小朋友把船划回来。接着让一个大人把船划到对岸，再让另一个小朋友把船划回来。然后再让两个小朋友一起把船划到对岸。长此以往，就可以把所有的游人都送到河对岸了。

9 聪明的商人

很久很久以前，在遥远的欧洲有两个相邻的国度。它们本来是两个非常和睦的国家，经常礼尚往来，生意不断。

可是因为一些小事，两个国家闹了一些过节，埋下了针锋相对的种子，最后甚至要大动干戈。

盛怒之下的A国，制定了一条法律："从今往后，B国的一块钱相当于本国的九毛钱。"

于是B国也针锋相对，制定了一条法律："从今往后，A国的一块钱只相当于本国的九毛钱。"

正当两个国家因为怒气各自较劲时，一个住在国界周围的聪明商人却借这两条法律，大发横财。

★ **数字谜题** ★

这位聪明的商人是怎样赚到大量钱财的？

●● **疑难解答** ●●

在A国，他用A国的90元换B国的100元；再到B国，用B国的90元再换A国100元，如此反复，此人持有A、B两国的货币越来越多。

10 开会的人数

你有没有到会议室里开过会？现在，我们就来讲述一个有关开会人数的问题。

一个小会议室里，放着几个3条腿的凳子和若干4条腿的椅子。并且当时正好是会议时间，每把凳子和椅子上都坐着人。一个小朋友数出了房间里一共有39条腿。

★ 数字谜题 ★

这个小型会议室里有几个凳子、几把椅子和几个人？

·•● 疑难解答 ●•·

3个凳子、4把椅子，7个人。

11 服务费的多少

很久以前，有一家中介公司，老板经营有道，顾客络绎不绝。这家公司根据服务项目所涉及的资金数量，按一定比例收取中介费用。

该公司今天的收费标准如下：1万美元（含1万美元）以下收取50美元；1万美元以上，5万美元（含5万美元）以下收取3%；5万美元以上，10万美元以下（含10万美元）以下收取2%。

如果一项服务项目所涉及的金额是5万美元，公司应该收取的服务费是1250美元。

★数字谜题★

如果一项服务项目所涉及的金额是10万美元时，公司应该收取的服务费是多少美元？

●疑难解答●

这家中介公司按照公司规章，公司应该收取的服务费是1250+50000×2%=2250美元。

12 狗跑了多远

儿子要回家，爸爸去接他。

爸爸和儿子从东西两地同时出发，相对而行，两地相距100里，爸爸每小时走6里，儿子每小时走4里。爸爸带了一条狗，小狗以每小时10里的速度向儿子奔去，遇到儿子后即回头向爸爸奔去；接着小狗又向儿子奔去，直到爸爸和儿子相遇时小狗才停住。父子

哈佛学生最喜欢的数字游戏

相遇非常高兴,看着兴高采烈的小狗,爸爸突然想考考儿子。

★ 数字谜题 ★

这只狗共奔了多少里路?

•● 疑难解答 ●•

本题属于行程中行程问题,包含着两层运动:一是人在运动,二是狗在运动,并且都是同时运动的。解决此问题只要理解这两种运动,解决起来是没有难度的。根据题意,爸爸和儿子走的过程中狗一直在走,所以狗走的路程为:

$$10 \times [100 \div (6+4)] = 100 (里)$$

所以,小狗共跑了100里。

13 算一算哪个最便宜

新年将要到来,玛丽准备购买年货。因为是年底,许多商家正在进行促销活动。

玛丽走进一家大型商场,想购买一些打折商品。她看中了一罐滋补品,这罐滋补品的原价是20美元1罐。

值得一提的是:有两家柜台都有同一款滋补品售卖,他们推出了不同的促销手段,相同的滋补品,其中一家超市的优惠是"买5

罐送一罐"；另一家超市的优惠是"买5罐便宜20%。"

这可让玛丽犯了难，她想："究竟买哪一家的滋补品比较划算呢？哪家划算，我就买哪家的。"

★ 数字谜题 ★
你能帮玛丽解决这个问题吗？

•● 疑难解答 ●•
"买5罐便宜20%"的那家商店的价格最便宜，所以玛丽应该去买"买5罐便宜20%"的那家商店的滋补品。

14 一共卖了多少鱼

很久以前，有一个漂亮的女孩名叫莉莉。她从小就惹人喜爱，活泼开朗。不幸的是她的亲生母亲很早就去世了，继母对她十分苛刻。

那时候莉莉只有10岁。一次，继母叫她背着满满的鱼篓到市场上去卖鱼，并且规定："这个鱼篓里的鱼几乎都是一样大小，不许带秤，只能按条数卖鱼。当然，每条鱼的价格都一样。"

莉莉的鱼终于卖完了，继母的脸上终于露出了满意的笑容。莉莉的爸爸也非常高兴，他轻声问莉莉卖了多少鱼。

莉莉回答说："鱼篓里的鱼是按照条数卖给客人的，总共卖了几条，我也没有数。但我还是记得第一个客人购买了鱼篓中鱼的一半加半条；第二个客人购买了鱼篓中所剩鱼的一半加半条；第三个客人购买了鱼篓中所剩鱼的一半加半条，以此类推，一直到第六个人来购买我的鱼，他同样也是购买了鱼篓中所剩鱼的一半加半条。这时鱼篓中的鱼正好卖光。爸爸，你说我一共卖了多少条鱼呢？"

★数字谜题★

你能帮爸爸计算出莉莉一共卖了多少条鱼吗？

●疑难解答●

莉莉在这一天里一共卖了63条鱼。

15 公司的礼仪

很久以前，有一家日本公司，效益很好，有15名男员工和5名女员工。

这家公司有一个规定：每天早上上司在训话之前，每一位员工必须向每个同事和唯一的老板，用深鞠躬的方式道早安。

★数字谜题★

请问在这整个公司里，每天的员工道早安的次数是多少，也就是说：每天发生的鞠躬事件为多少？

●●疑难解答●●

在这整个公司里,每天员工道早安的次数,也就是每天发生的鞠躬事件为400次。

16 赠送的酒席

有个家庭有5口人,每到周末,全家人都会去一家不错的餐厅改善伙食。几次后,全家人都和老板熟络了,就请老板送他们一张免费餐券。

聪明的老板想了想,说道:"不如这样,以后每次用餐,你们所坐的位子都要调换,直到5位排列的顺序没有重复为止。到那一天,我送10张免费餐券给你们。怎么样?"这家人很爽快地答应了,但是实际上他们是上了精明老板的当了。

★数字谜题★

这家人要在这个饭店吃多长时间饭才能得到老板的10张免费餐券呢?

●●疑难解答●●

要过840天才能吃到老板免费送的10餐。

哈佛学生最喜欢的数字游戏

17 有没有免费的午餐

俗话说"天下没有免费的午餐",可是有一位餐厅老板,却用一种极其昂贵的营养品——鱼翅,来供客人免费享用。你信不信有这样的好事呢?如果不信,就来看看我们的这个故事。

有10个政府部门同事来到一家餐馆聚餐,他们不知道该以何种次序安排座次,为此争执不休。有人提议按年龄入座,有人认为应该按资排座,有人要求按个子就座。

这时,餐厅的总经理过来安抚他们,他说:"各位请尽快随意入座,如果你们能接受我接下来说的条件,我将免费赠送给你们本店最昂贵的鱼翅席款待各位。"

10位同事听了,连忙入座,也顾不上什么次序了。

老板等他们坐定后,继续说:"谢谢大家的配合,我的条件是这样的:以今天各位所坐的位置为基准,以后每天过来用餐都必须调换成新座位,当每人都轮番坐过所有的位子,而且每个人所坐的位置正好和现在所坐的一样,我就亲手奉上本店最昂贵的鱼翅席。"

10位同事拍手叫好,却不知道自己已经落入了餐厅老板的圈套。

★数字谜题★

餐厅老板隔多少日子才会送出鱼翅席呢?

第五章 哈佛学生爱看的数字智慧故事

•●疑难解答●•

海鲜楼的老板送出鱼翅席的日期，实际上是办不到的。因为安排座位的数字太大了。它是362800，这个数字的天数相当于1000年。

18 谁来听课

俄罗斯战争时代，一位战斗英雄到各街道作演讲。他的演讲十分精彩，每次演讲完以后，都有很多人要求和他合影留念，并请他签字。他都一一答应了。

这一次演讲结束，有人问他："同志，您好。您这次演讲一共有多少人来听课？"

战斗英雄笑着说："在这次演讲的听众当中，有一半是机关干部；有1/4是工人，有1/7是农民；当然，还有3名学生。"

★数字谜题★

你能够计算出这次一共有多少人来听战斗英雄的演讲吗？

•●疑难解答●•

这次一共有28人来听战斗英雄的演讲。其中机关干部14人；工人7人；农民4人；学生3人。

哈佛学生最喜欢的
数字游戏

19 分苹果的故事

凯斯、杰克、汤姆是三个非常要好的好朋友,有一次,他们到城里游玩,在朋友的推荐下,他们合买了好多又甜又大的红富士苹果,晚上,他们一起在凯斯的亲戚家睡觉。

第二天一早,凯斯第一个醒来,看到其他两人正在睡觉,便自作主张地将苹果分成三份,结果发现苹果多一个,他想也没想就把多出来的那个苹果给吃了,然后拿着自己的那份独自回家去了。

凯斯离开不久,杰克第二个醒来,他看到汤姆正在睡觉,又发现凯斯不在屋里。他想:"糟糕,粗心大意的凯斯怎么没有带苹果就先走了呢,不行我来把苹果分一下,让他回来重新取走应该属于他的那份苹果。"于是他也把苹果分成三份,结果发现苹果也多了一个,他想也没想就把多出来的那个苹果给吃了,然后拿着自己的那份回家去了。

杰克离开不多久,汤姆最后一个醒来。他看到凯斯和汤姆都已经离开了,再一看桌上的一堆苹果,他想:"糟糕,粗心大意的凯斯和杰克怎么没有带苹果就先走了呢,不行我来把苹果分一下,让他们回来重新取走应该属于他们的那两份苹果。"于是也将苹果分成三份,结果苹果又多了一个,他也把多出来的苹果给吃了,然后拿着自己的那份回家去了。

★数字谜题★

一开始凯斯、杰克、汤姆至少买了几个苹果?

●●疑难解答●●

凯斯、杰克、汤姆合买了最少有25个红富士苹果。

20 买鸡和卖鸡

从前,有个老大妈,在市场上花了8美元买来一只老母鸡,买好鸡以后又觉得不划算,就以9美元的价格把鸡转手卖掉了。

卖掉鸡后,老大妈又想起今天是小孙子的生日,她想:"小孙子最爱吃鸡,买一只新鲜的活鸡给他庆祝庆祝生日吧。"

于是老大妈花了10美元把鸡买了回来。可是回家一看,丈夫已经提前买好了几只鸡。于是老大妈又以11美元的价格把这只鸡卖给了别人。

★数字谜题★

老大妈一共赚了多少钱?

●●疑难解答●●

老大妈第一次赚了1美元,第二次又赚了1美元。所以老大妈一共赚了2美元。

21 换鸡蛋所遇到的问题

有位数学家名叫列昂纳尔德·欧拉,他是世界上最伟大的数学家之一,他所解答的数学难题不计其数。同时,他也给那些喜欢数学的小朋友出了许多有意思的数学难题。

现在就让我们来研究一下列昂纳尔德·欧拉所出的一道数学难题吧——

一天,甲、乙两位农民正在市场上卖鸡蛋,他们一共有100个鸡蛋。两个农民的鸡蛋数目不一,价格也不同。可卖完后他们的钱数却是相同的。

于是甲农民对乙农民说:"如果你的鸡蛋换给我去卖,我可以卖得15块钱。"

乙农民回答说:"是啊,可是你的鸡蛋换给我去卖的话,我却只能卖$6\frac{2}{3}$块钱。"

★数字谜题★

两个农民各有多少个鸡蛋?

··●疑难解答●··

甲农民一共有40个鸡蛋,乙农民一共有60个鸡蛋。

第五章
哈佛学生爱看的数字智慧故事

22 卖房子的结果

很久以前，有个中年人叫约翰。他辛勤工作，省吃俭用，终于攒足钱在一个偏僻的居民区买了一栋二手房。

这栋二手房是约翰从房东那里，以八折的优惠价买下来的，3000美元。十分欣喜的约翰很快搬入新居。过了几天，他的一个朋友远道而来看望约翰，在约翰家住了几天后，提出一个要求：他要求约翰把这套房子以买价加两成转卖给他。

这位朋友是约翰生死相依的好战友，曾经约翰在服兵役时救过他的性命，所以约翰想也没想，便答应了他的要求。

★数字谜题★

这次交易中约翰到底是赚了多少或者亏了多少？

●●疑难解答●●

因为约翰以2400美元的价格买来的房子加上两成卖出去，所以约翰赚了480美元。

哈佛学生最喜欢的数字游戏

23 金条的分割

曾经有一段时间，因为物价上涨速度非常快，有些高级雇员要求公司用黄金来代替钱币，用金条来计发薪水，而不是按钞票计发。

其中有一位员工，坚持要求老板每天用黄金付工资。老板有一块金条，价值正好等于这位员工工作7天的薪水。老板拿出了金条，准备在7天后付给他。但是这位员工不肯接受老板的安排，非要当天工资当天发放。于是老板找到了财务杰克，交代杰克说："我只允许你切割二次，并且你每天下班时都要按规定发给那位员工工资。"

这个要求让财务杰克犯了难。但是他沉思了一阵，就立即去办好了这件事。

那位员工如愿以偿地每天领取金块；老板也很满意。老板还夸杰克的才思敏捷，智力过人。

★ 数字谜题 ★

你知道财务杰克是怎么切割金条的吗？

··● 疑难解答 ●··

先切割1/7根金条，再切下原来的2/7根金条就可以了。

24 一共有几名常客

从前,有一家店铺,主人十分好客,为了薄利多销,店铺的商品定价都很低,赢得了许多顾客的青睐。顾客们你来我往,络绎不绝,生意十分火爆。

这天,店老板的一位好友过来看望他,不经意间问起:"这家店铺常来的顾客有多少人?"

店铺老板笑眯眯地回答:"在我的常客里,有一半是事业有成的中年男士,1/4是上班族,1/7是在校学生,1/12是警察,剩下的4位则是附近生活的老爷爷。"

★数字谜题★

这位店铺老板的常客一共有多少人呢?

●疑难解答●

我们先求出4位老爷爷所占的百分比:(1-1/2-1/4-1/7-1/12)。

再用4除以这个百分比,于是得出: 4÷(1-1/2-1/4-1/7-1/12)=168。

答案就是:168人。

哈佛学生最喜欢的数字游戏

25 小贩之间的交换

在洛杉矶的一个郊区，有三个小贩皮特、保罗、大卫，他们的牲口生意鲜有人问津。这天，他们聚在一起闲聊，发现三个人如果进行一些交换，相互之间的牲口数会发生十分有趣的变化。

如果用皮特的6头猪交换保罗的1匹马，那么保罗的牲口数将是皮特牲口数的2倍。

大卫如果用14头羊来交换皮特的1匹马，那么皮特的牲口数将是大卫所有牲口数的3倍。

保罗如果用4头牛交换大卫的1匹马，那么大卫的牲口数将是保罗牲口数的6倍。

★ 数字谜题 ★

皮特、保罗、大卫三人各自有多少头牲口？

●● 疑难解答 ●●

在这三名小贩中皮特有11头牲口，保罗有7头牲口，大卫有21头牲口。皮特、保罗、大卫三人一共有39头牲口。

26 童话故事选的单价

朋友们,你们喜不喜欢看童话书呢?是不是被故事里引人入胜的情节所吸引呢?那么你有空可以去书店逛一逛,那里的书籍琳琅满目,让人目不暇接。

这一天,有六个同学一起前去新华书店,购买精装版《童话故事选》,他们每个人都想买一本。但是大家身上分别有18美元、14美元、16美元、19美元、31美元和15美元,谁的钱都不够买一本,但是其中有两个同学的钱合起来恰好可以购买一本,另外三个人的钱合起来恰好可以再买一本。

★ 数字谜题 ★

每本精装版《童话故事选》的单价是多少?

··● 疑难解答 ●··

每本精装版《童话故事选》的单价是49美元。

哈佛学生最喜欢的数字游戏

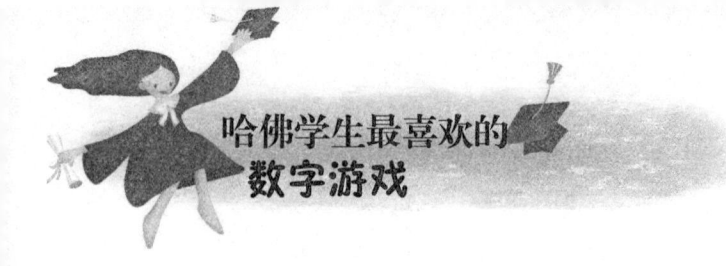

27 赚钱还是赔钱

城南的百货公司新进了一批新款服装。这批服装款式新颖，质地柔软，很受顾客青睐。

随着这款服装的销量与日俱增，该商城的经理决定提价10%。但是好景不长，过了一段时间，服装便开始滞销，经理便决定降价10%来吸引顾客。

对此，人们议论纷纷，有人认为百货公司在瞎折腾，这一提一降实际上还是回到了原来的价格；有的人认为百货公司还是赚钱了，他们不会干赔本的买卖；还有人说百货公司自作聪明，实际上是赔了钱的。

★数字谜题★

百货公司是赚了呢？还是赔了呢？或者是不赚也不赔？

⋯●疑难解答●⋯

百货公司实际上比原价赔了1%。

28 卖丝巾的问题

朋友们，你们平时有没有注意过妈妈佩戴的丝巾，丝巾既好看又保暖，看起来很有风度。我们现在要讲述的就是与丝巾有关的故事。

有一次，一家小型的饰品店正低价处理一批丝巾。最初，一条丝巾定价20美元，但没有人光顾。老板便决定降价到8美元一条；结果还是没人要。老板只好再次降价，售价为3.2美元一条，却依然卖不出去。老板只好把价格一降再降，目前是1.28美元一条。老板心想，如果这次再卖不出去，就要按成本价销售了。

★ 数字谜题 ★

那么这条丝巾的成本价是多少呢？

·· 疑难解答 ··

老板降价是有规律的，他每次都是以原价格的五分之二往下降，20/8=2.5，8/3.2=2.5，3.2/1.28=2.5，1.28/2.5=0.512。因此，这条丝巾的成本价是0.512美元。

哈佛学生最喜欢的
数字游戏

29 找零钱的故事

肖恩是一个非常聪明的孩子。一天,他去商店买铅笔,每支铅笔3美分,共买了9支,应该付款2美元7美分。

但是服务员只有2美分的零钱;而肖恩手里的零钱都是5美分的,两人都没有1美分的零钱。

★数字谜题★
聪明的肖恩有没有办法把零钱找开呢?

●疑难解答●
肖恩付出7张5美分的零钱,服务员找回4张2美分零钱即可。

30 桃子的分配

又到了桃子成熟的季节。猴子妈妈把给小猴一天要吃的桃子,按照早、中、晚三餐,依次放在三个盆子里。

猴子妈妈走后,小猴看了一看,觉得晚餐太多,早餐太少,于是就动手从第一个盆子里取出2个桃,放在第二个盆子里;从第二个盆子里取出3个桃,放在第三个盆子里;从第三个盆子里取出5个桃,放在第一个盆子里。这时三个盆子里的桃子数量都是一样的,每个盆子里各有6个桃子。放完桃子,小猴满意极了。

★ 数字谜题 ★

猴子妈妈是怎么给小猴分配早餐、午餐和晚餐的?

●● 疑难解答 ●●

妈妈给小猴分配早餐3个桃子、午餐7个桃子、晚餐8个桃子。

31 检票口的个数

一天,鲍勃的爸爸带鲍勃坐火车前往老家,去看望爷爷奶奶,鲍勃非常兴奋。

在等待验票的时候,鲍勃发现一个问题:旅客在车站候车室排队等候检票,排队的旅客数量按照一定的速度在增加,检票速度保持不变,当车站开放一个检票口,需用半小时才能让待检旅客全部检票进站;同时开放两个检票口,只需10分钟便可让旅客全部进站。

现在,有一班增开的列车过境载客,必须在5分钟内让旅客全部检票进站。

★数字谜题★

此车站至少要同时开放几个检票口？

●疑难解答●

为了让旅客能够在5分钟内全部检票进站，此车站至少要同时开放四个检票口。

32 哪个公司薪水高

从前，有一个名叫菲尔的大学生，他聪颖好学、成绩优异，是大学里的优等生。在他大学毕业不久，就有两家公司同时愿意录取他。当然，分身乏术的菲尔只能在这两个公司中选择一家。

因为这两份工作的发展机会差不多，而且薪水都是100000美元一年；所以以后的加薪幅度，就成为菲尔考虑进入哪一家公司的主要因素。对于菲尔的顾虑，两个公司给出了不同的条件。

甲公司保证他的薪水每6个月可以增加3000美元。乙公司则保证他的薪水每12个月增加12000美元。

★数字谜题★

如果你们是菲尔，会选择哪一家公司呢？

●疑难解答●

在这两家公司中，相比之下菲尔计算出：甲公司待遇高，所以选择了甲公司。

33 数一数硬币的数量

从前,有一个叫杰瑞的小男孩,非常喜欢收集硬币,他每天会清点一次硬币,以此作为消遣。

有一天,杰瑞把他1分、2分、5分的硬币分别放在五个相同的小纸盒里。并且每个小纸盒里所放的1分、2分和5分的硬币都和其他盒子里的1分、2分和5分的硬币数量相同。

一旦有空,杰瑞就把五个纸盒里的硬币都倒在书桌上。然后把它们分成四份。每份的同种面值的硬币数量都相等。接着,杰瑞又把其中的两份混合,然后分成三份,当然每份的同种面值的硬币数量也都相等。

★数字谜题★

你知道杰瑞至少拥有多少个1分、2分、5分硬币吗?

●疑难解答●

杰瑞拥有的硬币中,每种硬币至少有60枚。

34 奇怪的比例

有一群年轻人，准备出去宿营。一共有30个男孩和30个女孩，一辆车乘有30个男孩，另一辆车乘有30名女孩。

可是当天有10个男孩趁司机不注意，悄悄地从汽车上下来，走到了女孩们乘坐的那辆汽车上。

这使女孩乘坐的那辆汽车的司机非常生气，他愤怒地吼道："胡闹！请同学们遵守规则，超载是要违反公共交通条例的，我这辆车只能坐30个人，所以你们必须下去10个，赶快！"

后来下去了10个人，不分性别，坐回男生乘坐的汽车。于是，这两辆汽车各自满载着30名乘客向宿营地出发了，此时，两辆汽车所载的乘客性别比例一样。

★ 数字谜题 ★

这是怎么回事呢？

•• 疑难解答 ••

因为两辆车上的座数是相等的，所以无论调换上去几个男孩或女孩，异性比例都一样。

第六章

哈佛学生喜欢的魔力数字

哈佛学生最喜欢的数字游戏

1 奇妙的睡莲

约翰是班里画画最好的。他的理想就是成为一个画家。

这些天,他家不远处的一块池塘里的睡莲又开花了,非常漂亮。于是,约翰天天都去那写生。每当他画完后,他就惊奇地发现:每天的睡莲都比前一天大一倍。等到第十天的时候,池塘正好被睡莲占满了。

★数字谜题★

第几天的时候,睡莲占了一半的池塘?

••疑难解答••

因为一天大一倍,第十天全占满,也就是第九天占了一半。

2 是错,也是对

放学了,杰克和大卫一起回家。他们经过一个小广场,就玩了一会儿。这时,杰克发现地上有粉笔字,走近一看,地上写着"8

＋8=91"。他立刻大笑起来，并对大卫喊道："快来看啊，谁把8加8算成了91了。"大卫很快跑来。可他一看却说是对的。

"这明明是错的啊。"杰克道。

但大卫坚持说是对的。

★数字谜题★

你知道是怎么回事吗？

●疑难解答●

杰克是倒着看的，在大卫看来就是"16=8+8"。

3 拼 图

有一张长方形硬纸片，它的周长是24厘米。如果再有2张这样的长方形硬纸片就正好可以拼成一个正方形。

★数字谜题★

这个长方形硬纸片的长和宽分别是多少厘米？

●疑难解答●

周长24厘米，则长与宽的和是12厘米。3张这样的长方形可以拼成一个正方形，则长方形的长是宽的3倍，所以长是9厘米，宽是3厘米。

哈佛学生最喜欢的数字游戏

4 数字卡片

安娜有一套数字卡片。这天,她把卡片带到了学校。她的同桌诺拉随意从中抽出三张卡片放到桌上,显示了一个三位数236。安娜灵机一动,对诺拉说:"你能用这三张卡片再组成一个三位数,但能被47整除吗?"诺拉想了好久,也没想出来。

★ 数字谜题 ★

你知道怎么排吗?

•·● 疑难解答 ●··

把6倒过来,排成329。

5 歪打正着

保罗是个粗心的孩子。一次数学考试,有道题是要求余数。保罗在打草稿时,把被除数113竟写成131。结果虽然商比原来多了3,但余数恰好与正确答案相同。

第六章
哈佛学生喜欢的魔力数字

★ 数字谜题 ★

原题的余数是多少?

●● 疑难解答 ●●

保罗把被除数增加了18,余数不变,商增加了3,可以推断除数是6。那么余数就是5。

6 宝库密码

汤姆是个探险家。在做了很长时间的准备后,他和其他几个队员又要上路了。

这回,他们来到一个沙漠,想寻找传说中的宝藏。他们苦苦探寻了很多天,也没有发现一点痕迹。就在他们准备无功而返的那个夜晚,天刮起了大风。几个人紧紧地抱在一起。等他们感觉风停了,睁开眼睛时,虽然几个人都还在,可他们却不知道自己身在何处。

"不好,我们掉进了一个深坑。"一个队员惊叫道。

可不是吗,汤姆和其他几个队员抬头,只看到马车轮大小的天空。坑有十几米深。幸好坑底有很厚的灰。他们的探险工具也都丢了,想爬上去是不可能的了。他们只好在坑里寻找有没有其他出口。不一会儿,汤姆在敲打坑壁时听到不一样的声音。他从地上捡起一块石头,开始刮坑壁上的土。渐渐地,一种金属物质出现在他

哈佛学生最喜欢的数字游戏

的眼前。于是其他几个队员一起帮汤姆刮土。

最后，一扇金属大门呈现在他们的眼前。难道这就是他们要找的宝藏的大门？几个人情不自禁地惊呼起来。但他们很快又冷静下来：大门怎么打开呢？于是，他们又开始在大门上寻找答案。汤姆发现在门的左上角有几个数字，中间还有个等号相连，"24=76"。几个人立马嘲笑起古人来："他们也真笨！24怎么会等于76呢？"

"不，等等。"汤姆说。他感到另有奥妙。他发现除了等号是死的，其他四个数字是活动的，可以转动，还可以相互移动。"莫非只要使等式成立，门就可以打开了？"

几个人又都高度紧张起来。聪明的汤姆思考了片刻，便开始移动起数字来。

突然，一声巨响。随后，门便自动开了。呈现在他们面前的似乎是一个地下宫殿。几个人兴奋至极，冲进大门，欢呼起来。他们看到正中有一把石椅，就在石椅前的石案上有一只金黄色的大碗。他们认定，那一定是只金碗了。于是向金碗跑去。没想到，碗里还有很多水。他们也顾不得口渴，都想把金碗弄下来。可怎么弄也弄不下来。

大家都有些泄气。有的开始寻找其他宝贝了。这时候，汤姆又发现了石椅背刻的文字：不要总是想向先人索要什么，而要想想给后人留下什么。汤姆突然似乎明白了什么。

"这里没有宝贝。我们走吧。"汤姆对其他人说。

"什么？我们好不容易找到宝藏，你居然说没有宝贝。"

"至少我们也得带点什么回去吧。"

第六章
哈佛学生喜欢的魔力数字

"你觉得我们还能出去吗？"

"一定可以！只要我们别太贪婪！"汤姆说。

果然，没多久，汤姆又发现了一个密道口，在密道口的旁边还有一些蜡烛、木柴和火石。汤姆点着了两根蜡烛，并带了几根蜡烛，和队友们依依不舍地离开了宝库。

★数字谜题★

你知道汤姆是怎么移动四个数字使等式成立打开大门的吗？

●●疑难解答●●

$7^2=49$。

7 最喜欢的数

"你有最喜欢的一个数吗？"一天，数学老师贝利老师问他班上的学生。

有的说有，有的说没有。"如果你们喜欢的数在1到9之间，你把它写在黑板上，我不用看就知道是几，你们信不信？"

"不信！"

珍妮最不信邪，一定要向老师挑战。贝利老师示意她走到黑板前。

贝利老师背对着珍妮，面向台下的其他学生。珍妮用粉笔在黑

哈佛学生最喜欢的数字游戏

板上写了一个数字，为了怕老师偷看，还用手罩着。

"珍妮，你现在用你最喜欢的数乘以9，然后再乘以12345679，只要你把得数告诉我，我就知道你最喜欢的数是几了。"

珍妮算了一会。她刚报出："7……"

"7！"贝利老师还没等珍妮报完她的得数7777777707，已经将珍妮最喜欢的数说出来了。

教室里一片惊叹声。

★ 数字谜题 ★

贝利老师是如何快速猜出来的？

●● 疑难解答 ●●

你先算出9与12345679的积，就知道贝利老师的秘密了。

8 数字和为质数

有一个两位数，个位和十位上数字的和是一个质数。如果把这个两位数分别乘以3、5、7得到三个数，这三个数各个位数上的数字和都仍为质数。

★ 数字谜题 ★

这个两位数是多少？

第六章 哈佛学生喜欢的魔力数字

●疑难解答●

设这个数为 x

因为数字和是质数,所以个位和十位上的数必定奇偶互异,

因为这个两位数乘以3之后,得到的数的数字和都仍为质数,

所以 $3x$ 的数字加和必定为3. 又因为原数是两位数,$3x$ 必定是3位数才能使得数字加和为3,

符合条件的数为:111,201,102,

111÷3×5=185,1+8+5=14不是质数,不符合题意,

201÷3×5=335,3+3+5=11,是质数,201÷3×7=469,4+6+9=19是质数,符合题意,

102÷3×5=170,1+7+0=8,不是质数,不符合题意,

故答案为:67。

9 足球联赛

有32支足球队参加某足球联赛。比赛只采取淘汰制:胜者进入下一轮,败者淘汰出局。先抽签决定对手。一轮过后,剩下的16支球队再抽签对决。直到决出最后的冠军。

★数字谜题★

冠军产生后,共进行了多少场比赛?

哈佛学生最喜欢的
数字游戏

疑难解答

31场。16+8+4+2+1。还有一种更快捷的算法，32支参赛队中，除1支冠军外，其余31支都是失败队。这31支失败队，每队都输了一场，所以共进行了31场比赛。

10 一口说出星期几

汤姆是同学们公认的小神算。

这天，他又向大家展示他的最新绝活："你们随便说一个今年的日期，我可以马上告诉你是星期几。"

大家都不相信。虽然汤姆是小神算，可他的记性并不好。他怎么可能记住一整年的日期呢？

有的同学问："6月1日。"

汤姆很快答："星期五。"

有同学问："1月1日。"

汤姆立刻答："星期天。"

有同学问："12月31日。"

汤姆也马上答："星期一。"

同学们再一查，汤姆回答得完全正确。

第六章 哈佛学生喜欢的魔力数字

★ 数字谜题 ★

你知道其中的奥秘吗?

●● 疑难解答 ●●

用6、2、3、6、1、4、6、2、5、0、3、5这十二个数分别对应2012年的十二个月份,算星期时只要用日期加上对应的数除以7,如果能整除,就是星期天;如果有余数,余几就是星期几;如果所加的数比7小,就不用除,是几就是星期几。例如:算2012年的6月1日是星期几,用6月所对应的数4加上1,等于5,比7小,所以是星期五。因此,汤姆只要记住那十二个数就行了。

11 演唱会门票

雷娅听说她最喜欢的歌星要来惠特歌剧院开演唱会,哭着闹着要求爸爸给她买张门票。最后,爸爸只好答应了。雷娅排了很长的队,最后终于买到了。她很高兴,同时又有点郁闷,她的座位非常靠后。门票上的编号是个四位数的奇数,个位数是个质数,千位数是个位数的3倍,十位数比千位数小4,百位数与个位数的差正好等于十位数。

★ 数字谜题 ★

雷娅门票的编号是多少?

哈佛学生最喜欢的数字游戏

●●疑难解答●●

由四位数的奇数,个位数是个质数可知,个位数为3、5、7,由千位数是个位数的3倍可知,个位数只能是3,所以千位是9,十位为9-5=5,百位数为3+5=8,所以编号为9853。

12 抢30

凯丝在学校刚学了一个抢30的游戏,觉得非常好玩,回到家后,想和爸爸一起玩。游戏规则是这样的:两个人轮流报数,第一个人从1开始,按顺序报数,可以只报1,也可以报1、2;第二个人接着第一个人报的数再报下去,但一个人最多只能报两个数,而且不能一个数都不报。例如,第一个人报的是1,第二个人可报2,也可报2、3;若第一个人报了1、2,则第二个人可报3,也可报3、4。接下来仍由第一个人接着报,如此轮流下去,谁先报到30谁胜。

凯丝和爸爸玩了两次,总是爸爸赢。无论是自己先报,还是爸爸先报,最后总是爸爸先抢到30。

★ 数字谜题 ★

你知道爸爸的秘诀吗?

●●疑难解答●●

他总是报到3的倍数为止。如果爸爸先报,根据游戏规定,他或报1，或报1、2。若凯丝先报1，则爸爸就报2、3。若凯丝报1、2，爸爸就报3。接下来，凯丝从4开始报，而爸爸视凯丝的情况，总是报到6为止。依此类推，爸爸总能使自己报到3的倍数为止。由于30是3的倍数，所以爸爸总能先报到30。

13 游客的人数

旅店里来了一批游客要住宿。可就剩下四个房间了。而且天色已晚，他们都不想再费力找了，便和老板说他们可以挤一挤。老板同意了。

这样，每个房间里都住了4人或以上，而且任意三个房间的总人数都不少于14人。

★ 数字谜题 ★

这批游客至少多少人？

•• 疑难解答 ••

19人。假设四个房间的人数分别为a、b、c、d，则$a+b+c \geq 14$；$a+c+d \geq 14$；$a+b+d \geq 14$；$b+c+d \geq 14$；四式相加整理可得$3(a+b+c+d) \geq 56$，那么$a+b+c+d \geq 18.67$，人数不可为小数，所以取整，至少得19人。

14 原来的数

有两个数,相除以后商为9,余数是4。现在把这两个数同时乘以3,再相除,则被除数、除数、商和余数的和等于333。

★ 数字谜题 ★

原来的两个数分别是多少?

●● 疑难解答 ●●

103和11。被除数和除数同时扩大相同的倍数,商不变,但余数会扩大同样的倍数。因此扩大后除数是(333-4×3×2-9)÷(9+1)=33,则原先的除数是33÷3=11,被除数是11×9+4=103。

15 一刹那

一刹那,形容时间很短。那么,你知道一刹那究竟多快吗?

根据古印度的梵典记载:一刹那者为一念,二十念为一瞬,二十瞬为一弹指,二十弹指为一罗预,二十罗预为一须臾,一日一昼为三十须臾。

第六章
哈佛学生喜欢的魔力数字

★ 数字谜题 ★

根据梵典推算,一刹那相当于现在的多少秒呢?

●● 疑难解答 ●●

一日一夜24小时中有30个"须臾",600个"罗预",2000个"弹指",24万个"瞬间",480万个"一念"或者说是"刹那";再进一步细算,因为一昼夜24小时共有86400秒(1440分钟),那么一须臾则为2880秒(48分钟),一罗预为144秒(2.4分钟),一弹指为7.2秒,一瞬间为0.36秒,一刹那为0.018秒。

16 四个4

星期天,肖恩、西蒙、贝利和杰克在一起打扑克。四个人玩得不亦乐乎。都快晚上7点了,四个人还意犹未尽。妈妈知道肖恩的作业还没做完,就让他们别打了。

"我还没玩够呢!"肖恩大声地说。

"你——"妈妈刚想发脾气,但很快又缓下来。孩子也是有自尊的,当着同学的面斥责孩子肯定有伤孩子的自尊心,再说直接赶同学走也不好。妈妈眼睛一转,计上心来。

等他们刚打完一局,妈妈走过去,对他们说:"孩子们,我们一起玩个游戏好不好?"

孩子们诧异地看着肖恩的妈妈,简直有点不敢相信自己的耳

哈佛学生最喜欢的数字游戏

朵。其实他们也打得累了,当然愿意玩点新花样,于是都迫不及待地等着肖恩妈妈的新游戏。

"你们把红桃4、黑桃4、方块4和梅花4都找出来。"

四个孩子很快就把四个4找出来了。

"现在,你们就用这四个4,再用合理的运算符,表示出0、1、2、3、4、5、6、7、8、9、10。如果你们能在10分钟内表示出来,你们就接着玩牌。如果你们在10分钟内表示不出来,那你们就下星期再来玩牌好了。"

"啊!""好!"

四个孩子迅速行动起来,有的还在纸上画着。但10分钟之内,他们还是没有全做出来,只得散场了。

★ 数字谜题 ★

你知道如何表示吗?

●● 疑难解答 ●●

4+4-4-4=0;

44÷44=1;

4÷4+4÷4=2;

(4+4+4)÷4=3;

(4-4)×4+4=4;

(4×4+4)÷4=5;

4+(4+4)÷4=6;

44÷4-4=7;

4+4+4-4=8;

4+4+4÷4=9；

（44-4）÷4=10。

17 新的余数

有甲乙两个数，它们除以13，余数分别为7和9。现在将甲、乙两数相乘，用其积再除以13。

★数字谜题★

余数是多少？

●●疑难解答●●

11。假设a、b是两个自然数，则甲数可表示为13a+7，乙数可表示为13b+9。两数之积可表示为：（13a+7）×（13b+9），即13a×13b+13×9a+13×7b+7×9，即13×（13ab+9a+7b）+63，这样，其积可以分为13的倍数加上63，因此只要求出63÷13的余数就可以了。

哈佛学生最喜欢的
数字游戏

18 巧妙的100

一日，轮到大卫擦黑板。他擦完黑板，突然对同桌鲍勃说："昨天我看到一个数学题，挺有意思的，可是没想出来。看看你能不能做出来。"

"好啊。"鲍勃爽快地答道。

于是，大卫在黑板上写下九个数：123456789。

"这是什么意思？"鲍勃不解地问。

"在这九个数之间添上三个运算符，使结果等于100。"大卫解释道。

鲍勃想了会，用了一个加号两个减号。大卫一算，正好等于100。

★ 数字谜题 ★

你知道鲍勃怎么加的符号吗？

•• 疑难解答 ••

123-45-67+89=100。

第六章 哈佛学生喜欢的魔力数字

19 分硬币

自从莎拉看过艾丽的钱币收藏册后,莎拉也爱上了收集钱币。一年以后,莎拉的收藏册里也有了不少硬币。

这天,莎拉请艾丽去参观她的钱币册,并请求指导。艾丽看了后,对其中的一枚爱不释手,她想用自己的两枚钱币换莎拉的那一枚。但是,莎拉也很舍不得。突然她想到一个方法。

莎拉找来一些一样的硬币,放在了桌上,然后对艾丽说:"我这有23枚一样的硬币,我把其中的10枚正面朝上。然后我将你的眼睛蒙起来,如果你能将这些硬币分成两堆,且每堆正面朝上的硬币数相同,我就同意和你换。"

这下可把艾丽难住了。显然光凭摸,艾丽的手是感觉不出硬币的正反面的,只能通过一种巧妙的方法。

★数字谜题★

你知道如何分吗?

··●疑难解答●··

先将这些硬币分成两堆,一堆10枚,一堆13枚,然后将10枚的那一堆所有的硬币都翻过来就可以了。

20 不完整的四位数

1aa3表示一个四位数,且这个四位数能被9整除。

★ 数字谜题 ★

a是几?

··•疑难解答•··

如果一个数能被9整除,那么这个数各个位数上的数的和也能被9整除。所以,1+a+a+3即2a+4也能被9整除。但a≤9,那么2a≤18,2a+4≤22。比22小又是9的整数倍的且是偶数的只有18,所以a=7。

21 过 河

杰克警官接到上级命令,要在今晚偷袭敌人的一个小据点。

夜里1点,杰克警官带领他的36名警卫向据点奔进。半道上,一条大河挡住了去路。侦查了半天,也没有看见一座桥。警卫们又都不会游泳。正在杰克警官着急之时，有警卫报告说在岸边的草丛里发现了一只小竹筏。于是杰克警官下令赶紧上竹筏渡河。但是竹筏太小，一次只能承受5个人。

★ **数字谜题** ★

如果杰克警官他们全部过河，至少得需要几次呢？

● **疑难解答** ●

9次。注意得始终有一人送船回来。

22 多少对兔

罗特大爷听说养兔子能赚钱，于是托人给他买回一对刚出生的小兔子。两个月后，这对兔子产下了一对小兔子。罗特大爷喜出望外。后来，别人告诉他：这种兔子每对每月会生一对小兔子，每对小兔子两个月后也开始生小兔子。

★ **数字谜题** ★

照这样的繁殖速度计算的话，如果罗特大爷的兔子都能活，满一年时他会有多少对兔子？

● **疑难解答** ●

233对。12个月罗特大爷家的兔子的对数分别是1、1、2、3、5、8、13、21、34、55、89、144233。

哈佛学生最喜欢的数字游戏

23 黄豆的数量

数学老师劳拉今天给同学们上课的时候,带来了一些道具。

"同学们,在今天正式上课之前,我们先玩一个小游戏好不好?"

"好!"同学们异口同声地答道。

"我需要两个同学上来配合我一下。"

杰瑞和雷奥自告奋勇地走上讲台。

"大家看,我的这个瓶里有许多黄豆。"劳拉老师抓了一些黄豆在手中,"现在杰瑞和雷奥可以随便从里面取出一些放在自己的左手和右手上,但要使两手内的黄豆数相等。接下来,你们从左手移4粒黄豆到右手。数一下此时左手上黄豆的数量并把它们放回瓶中,再从右手中数出同样数量的黄豆放回瓶中。这时,如果你俩右手中的黄豆数量比我手中的黄豆数量多的话,我就给大家表演一个节目。"

结果,杰瑞和雷奥右手中的黄豆都没有比劳拉老师手中的多。

★ 数字谜题 ★

你知道劳拉老师手中有多少粒黄豆吗?

第六章 哈佛学生喜欢的魔力数字

•● 疑难解答 ●•

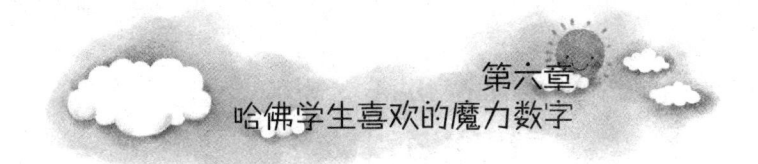

8粒。而且无论一开始取多少,最后手中必定总还剩8粒。

24 另类自然数

有一种自然数,比较另类。从它的高位往低位数,第四个数字开始每个数字都等于它前面三个数字的和,直到不能再写为止。

例如:1113,12147。

★ 数字谜题 ★

这类数中,最大的一个数是多少?

•● 疑难解答 ●•

10011247。

25 戒烟有方

夏洛特的爸爸爱抽烟。夏洛特和妈妈深受其害。爸爸也表示过要戒烟,可总是不见成效。

哈佛学生最喜欢的数字游戏

这天，夏洛特的妈妈拿来两包他爸爸平时最爱抽的烟，并对他说："我现在有一个非常见效的戒烟方法，只要你抽完这两包，你肯定就能戒了。"

夏洛特的爸爸满口答应。

"你先抽一支，抽完以后，过1秒再抽第二支，抽完过2秒抽第三支，抽完过4秒抽第四支，抽完过8秒抽第五支，总之抽下支烟前的等待时间是前一次的2倍。只要你坚持这样做，我保证你抽不完这两包你就戒了。"

"我当是什么好方法呢。这有何难？"夏洛特的爸爸自以为是地说。说完打开一包，点上一支悠然地抽起来。

夏洛特也不得其解。妈妈却得意地说："让他等着吧。"

★ 数字谜题 ★

你知道夏洛特的爸爸抽完这两包烟还得等多久才能抽烟吗？

●● 疑难解答 ●●

他要等87960930222080秒≈1018066322年。其实，他想抽第二包都有点难了，他需要等待1048576秒≈12天。

26 神奇的多位数

有一个22位数，它的个位数是7。用字母表示，可表示为ABCDEFJHIJKLMNOPQRSTU7。把这个多位数乘以7，得数仍是个22位数,只是个位数的7移到了第一位,其余21个数字的排列顺序还是原来的样子,即7ABCDEFJHIJKLMNOPQRSTU。

★ 数字谜题 ★

这个22位数是多少?

•● 疑难解答 ●•

1014492753623188405797。运用倒推法。

27 巧妙的加法

贝克对汤姆说:"我有一个办法,能很快算出多位数的和。"汤姆不信。

于是,贝克让汤姆在黑板上随便写下一个七位数,接着在下面又写了一个七位数。这时,贝克也写了一个七位数,他让汤姆在下面又随便写了一个七位数。最后,贝克又写了一个七位数。

汤姆的第一个数字:7258391;

汤姆的第二个数字:1866934;

贝克的第一个数字:2741608;

汤姆的第三个数字:5964372;

贝克的第二个数字:8133065。

写完后,贝克对汤姆说:"我能在你闭上眼睛两秒后算出它们的和。"

哈佛学生最喜欢的
数字游戏

汤姆不信。等他再睁开眼睛时，贝克已经把答案25964370写在了黑板上。

★ 数字谜题 ★

你知道贝克是怎么做到的吗？

•●疑难解答●•

注意一下就知道，贝克写的数不是随便写的，他的第一个数与汤姆的第一个数的和为9999999，他的第二个数与汤姆的第二个数的和也是9999999，这四个数的和为19999998即20000000-2，所以，贝克用20000000加上汤姆的第三个数5964372再减2就行了。

28 使差最小

瑞恩老师在黑板上写了八个数：1、2、3、4、6、7、8、9。然后对同学们说："请同学们用这八个数组成2个四位数，但是，必须让这两个四位数的差最小。"

★ 数字谜题 ★

你知道怎么组合吗？

•●疑难解答●•

要想差最小，那么，要让千位数的差最小，所以只能是1；大数的后三位数要尽量小，小数的后三位数要尽量大。1、2、3、4、

6、7、8、9这八个数，能组成的最大三位数为987，最小三位数为123。但这样的话，剩下的6、4做千位数就相差2，就不能得到最小差。把3和6对调，让3做千位，6做个位，得到4126和3987，两数相减得到差139，是最小的差。

29 使差最大

瑞恩老师让同学们弄懂了上一题后，这天，又出了一道类似的题。不过这次不是让差最小，而是让差最大。

她先是在黑板上画了一些方格：□□□□-□□×□□，然后说："请同学们从1、2、3、4、5、6、7、8八个数中选择相应的数填入方格中，但要使得结果最大。"

★ 数字谜题 ★

你知道怎么填吗？

·•● 疑难解答 ●•··

要使得数最大，被减数应当尽可能大，同时减数（□□×□□）应当尽可能小。最大的被减数为8765。要使乘积最小，乘数和被乘数都应当尽可能小，也就是说，它们的十位数都要尽可能小。8765-13×24，这样可得到最大结果8453。